어느 젊지 않은 여가수의 고백

어느 젊지 않은 여가수의 고백

1판 1쇄 발행	2025년 6월 30일
1판 1쇄 인쇄	2025년 6월 30일
지은이	윤영아
펴낸이	정신일
편집	홍소희
사진	권문수
표지디자인	공인애
펴낸곳	크리스천리더
일부총판	생명의 말씀사 (02) 3159-7979
등록	제 2-2727호(1999. 9.30)
주소	부천시 성주로 96번길 제일빌딩 6층
전화	032) 342-1979
팩스	032) 343-3567
출간상담	E-mail:chmbit@hanmail.net
홈페이지	www.cjesus.co.kr
유튜브	크리스천리더TV

ISBN : 978-89-6594-384-6 03230
정 가 : 18,900원

· 이 출판물은 저작권법에 의해 보호받는 창작물이므로, 무단 복제와 무단전재를 할 수 없습니다.

· 잘못된 책은 구입하신 곳에서 바꿔드립니다.

어느 젊지 않은
여가수의 고백

CLS 크리스천리더

이 책을 향한 찬사들

조운파 작곡가
시인, 칠갑산 작곡가

내가 만난 가수 윤영아 씨는 "어느 젊지 않은 여가수"가 아니라 "언제나 꿈꾸는 젊은이"라는 생각이 듭니다. 인생이 겪는 우여곡절 속에서도 낙심치 않고 오히려 인생을 향한 꿈과 열정을 노래하며 "일어나자", "함께 가자"는 메시지로 춤과 노래, 뮤지컬 무대에서 사람들에게 자신의 꿈과 열정을 함께 나누며 위로하고 격려하는 아름다운 삶을 살아가고 있습니다.

오래전 처음 내 사무실을 찾아왔을 때, 그녀는 내게 신곡을 부탁하였고 그때 나는 내가 믿는 예수님 이야기를 먼저 전해 주며 기도해 주었는데 그 후 그녀는 여러 곡을 통해 예수님 제자가 되어 지금에 이르기까지 하나님의 자녀로, 일꾼으로 영생을 얻은 기쁨과 예수님을 증거하는 삶을 살고 있음을 봅니다. 앞으로도 그녀는 삶에 지친 사람들의 친구로 노래하며 춤추며 영생을 함께 꿈꾸는 삶을 살아갈 것입니다. 언제나 젊은 가수 윤영아, 춤과 노래, 그리고 신앙의 삶을 통해 삶에 지친 사람들의 벗으로 어여쁘게 빛나기를 축복합니다.

- 조운파 작곡가

이정선교수
(그룹 '해바라기' '신촌블루스')
서울예대, 동덕여자대학교
실용음악과 前교수

지금은 각 학교마다 실용음악과가 있어서 익숙한 명칭이 되었지만, 전국에서 유일하게 서울예대 한 곳에만 실용음악과가 있던 시절에 '윤영아'를 제자로 만났습니다. 전국에서 모인 끼 많은 젊은 친구들 중에서도 윤영아는 일찌감치 날개를 펴고 넓은 세상으로 앞서 날아가서, 더 이상 신경을 쓰지 않아도 되는 제자였지요. 가수이면서 동시에 뮤지컬 배우로도 열심히 활동하면서 유명해지다가... 어느 날부터 소식이 들려오지 않았어요. 훨씬 더 높이 올라가기를 기대했거든요. 반짝이다가 사라져 간 제자가 그저 안쓰럽고 소식이 궁금할 뿐이었는데...

그리고 10여 년이 지나 우연히 TV 프로그램에서 영아의 모습을 보고 반가웠습니다. 여전히 음악을 놓지 않고 훨씬 더 원숙해져서 나타난 윤영아가 기뻤어요. 한편으로 저간의 사정이 궁금했지만 차마 묻지 못하고 짐작만 하고 있었는데 이렇게 직접 책을 써서 본인의 이야기를 들려주는 용기까지 가지고 있었네요. 우리는 남의 이야기를 흥미롭게 듣곤 합니다. 그 이야기의 주인공이 내가 잘 아는 친지라면 더욱 관심을 가지고 듣지요. 꿈에라도 한 번쯤 부러워하던 직업으로 유명해진 친구라면 더더욱 궁금해서 이야기가 듣고 싶어지지요. 이 책은 그런 한 가수의 이야기입니다. 오랜 담금질을 끝내고 더욱 단단해져서 나타난 친구의 이야기.

밝게 빛나는 무대의 그늘에서 본인은 얼마나 무거운 짐을 남몰래 감당하고 있었는지... 아무도 상상을 못 합니다. 화려한 순간을 빼고는 우리네 보통 사람과 전혀 다르지 않음을 알고 나면 내 꿈을 대신 보여주던 그 친구가 더 좋아질까요? 아니면 실망하게 될까요? 저는 친구의 비밀을 알고 나면 오히려 더 친근하게 느껴져서 진심으로 아끼고, 친구가 더 잘 되기를 바랄 것이라 생각합니다. 감추어도 되는 자신의 고통을 담담하게 밝힐 수 있는 용기... 그 용기가 '윤영아'를 앞으로 더 크게 만들어 줄 것이라고 기대하며 감히 이 책을 추천합니다.

(같은 길을 가고 있는 음악인) 이 정 선

박기영교수(그룹 동물원)
홍익대학교 공연예술학부
실용음악전공 주임교수.

윤영아 작가가 자전적 이야기를 출간한다는 소식을 듣고 놀라지 않을 수 없었다. 이 사람의 능력의 끝은 과연 어디까지일까? 대학에서 늦깎이 학생과 교수로 처음 만난 이후 십수 년 동안 윤영아 작가는 늘 나를 감탄케 하는 존재였다. 예쁘고 화려한 외모와는 상반된 소탈한 심성, 과거의 유명세에 비해 너무나 겸손한 자세, 가수 활동을 잠시 접어야 할 만큼 어려운 형편에서도 빛을 발하던 밝고 긍정적인 삶의 태도, '다시 가수로 활동하기에는 너무 늦은 나이 아냐?'라는 세간의 의혹을 통쾌하게 날려버린 연이은 성공적 행보에 이르기까지 그 모든 게 내게는 경이로움이자 존경의 대상이었다.

이 책은 한 여가수의 자전적 이야기이자 힘든 하루하루를 살아가는 이들에게 전하는 응원의 메시지이다. '윤영아'라는 존재, 그녀의 흔들림 없이 단단한 걸음걸음이 내게 삶의 의욕을 불러일으켰듯이 오늘보다 더 나은 내일을 꿈꾸는 모든 이들에게 이 글이 힘과 용기가 되리라 기대한다.

그룹 동물원 멤버, 홍익대학교 공연예술학부 교수 박기영

장유정교수(가수)
'오빠는 풍각쟁이야' 저자

이 책은 한때의 스타가 아니라, 오래도록 무대에 남고 싶은 한 사람의 고백이다. 1990년대 <미니 데이트>로 무대를 누비며 댄스가수로 활약했던 '윤영아'는 그저 과거의 이름이 아니다.

삶도 노래도 모두 진심을 다해 살아가고 있는 '현재진행형'의 사람이다. 화려했던 시절을 지나 다시 노래로 삶을 증명해 보이려는 그녀의 용기에 따뜻한 박수를 보낸다. 동시대를 함께 걸어온 동료이자 친구로서, 여전히 반짝이는 그녀의 열정을 응원한다. 이 책을 펼치는 순간, 독자는 무대 뒤편에 숨겨졌던 그녀의 진짜 이야기를 마주하게 될 것이다.

장유정(단국대학교 교수, 대중음악사학자)

이동현총장
평택대학교 제8대 총장

윤영아 교수, 『어느 젊지 않은 여가수의 고백』의 저자를 처음 만난 것은 오래되지 않았습니다. 그러나 음악학과 학생들을 가르치는 그녀의 진지한 열정과 꾸준한 성실함을 곁에서 지켜보며, 저는 자주 "참으로 귀한 분이시다"라는 생각을 하게 되었습니다.

특히 2024년 10월, 우리 대학에서 열린 개교 112년 기념예배에서 축가를 맡아 노래하는 모습을 보며 깊은 인상을 받았습니다. 공연 장소였던 '피어선 홀'은 우리 대학에서 가장 오래된 건물이었고, 윤 교수의 히트곡 <미니 데이트>를 부르기에는 음향이나 무대 여건이 썩 좋지 않았습니다. 그럼에도 그녀는 한 치의 흔들림 없이 프로 가수로서의 품격을 지켜냈고, 무엇보다 112년 기념예배의 기쁨을 온몸으로 표현하는 신앙인의 자세를 보여주었습니다. 끝까지 환한 미소를 잃지 않고, 마지막 소절까지 온 힘을 다해 부른 찬양은 예배에 참석한 모두의 마음을 뭉클하게 했습니다.

책의 제목에서 '젊지 않은'이라는 표현으로 자신을 겸손하게 묘사하고 있지만, 저는 그녀의 삶과 자세를 볼 때 '누구보다 젊은'이라는 말이 더 적절하다고 생각합니다. 그녀는 여전히 무대 위에서 생기 있게 노래하며, 학생들을 따뜻하게 품고 가르치는 스승이며, 음악과 예술로 하나님의 사랑을 전하는 진실한 선교자입니다.

앞으로도 윤영아 교수가 대중에게는 감동과 희망을 전하는 예술가로, 학생들에게는 모범이 되는 교육자로, 그리고 하나님께는 충성된 일꾼으로 사명을 잘 감당해 나가기를 진심으로 기도하며 기대합니다.

이 추천사의 마지막은 서기 4세기의 신학자이자 철학자인 성 아우구스티누스의 『고백록』 첫 구절로 대신합니다.

"주님이여, 주님은 위대하시오니 크게 찬양을 받으시는 것이 마땅합니다.
주님의 능력은 크시고, 주님의 지혜는 무궁합니다.
그래서 인간은 주님이 지으신 피조물 중에서 단지 한 부분에 지나지 않는 그런 존재인데도,
주님을 찬양하기를 원합니다."

2025년 5월
평택대학교 총장 이동현

차례

1장, 엄마 · 18

2장, 영광으로 가득했던 출발 · 51

3장, 꿈을 향한 순항 · 54

4장, 세상에 알려진 스타들의 세상이 듣지 못한 이야기들 · 64

5장, 평범하고 평화로운 일상이 행복하던 시절 · 82

6장, 가장 사랑하는 사람과의 이별, 그리고 남겨진 나 · 88

7장, 노래로 할 수 있었던 부업,
   더 큰 보람을 안겨 준 노래 교실 · 94

8장, 더 큰 시련의 기다림 그리고 만남, 만남, 만남 · 98

9장, 기나긴 소송의 끝 · 124

10장, 뮤지컬 오디션에서 찬양을 부르다 · 130

11장, 찬양, 그 놀라운 위력 · 133

12장, 내가 함께 하지 않으면 넌 코도 닦을 수 없어 · 135

13장, 42세의 늦깎이 모델 그리고 크로스오버 · 138

14장, 하나님을 믿으면 만사형통?...
　　　나아질 방법이 보이지 않은 현실의 문제는? · 142

15장, 여유 있던 시절과 가난했던 시절,
　　　솔깃했던 두 개의 유혹 · 148

16장, 광야에서의 기도 그리고 JTBC 싱어게인 · 151

17장, 아버지의 장례 · 160

18장, 룻(Ruth) · 166

19장, 반 고흐, 윤동주 그리고 생명에 관하여 · 168

20장, '페이스북'을 통해 다시 만난 사람들 · 172

21장, 미국에서 길이 열리다 · 176

22장, 더 이상 젊지 않은 어느 여가수가 드리는 고백 · 192

서론

자서전 또는 회고록…

내 삶의 이야기를 잘 아시는 고마운 분께서 '자서전'을 써보면 어떠냐고 권하셨다. 물론 지금 이 글을 쓰게 된 계기가 바로 그분의 이 권유 때문이었지만, 사실 처음 '자서전'이라는 표현을 들었을 때 적잖은 어색함을 느꼈던 기억이 있다. 내가 만일 내 삶의 얘기를 책으로 쓰게 되더라도 그걸 '자서전'이라고 부르진 말아야겠다고 생각했다. 이 얘기를 들은 친구가 그럼 '회고록'은 어떠냐고 나름 진지하게 제안했다. 예의를 갖춰 고마움을 표했지만 그러느니 차라리 자서전이 낫겠다 싶을 정도로 이번에는 민망하기까지 했다.

단어의 사전적 의미가 어떻든, 자서전을 남길 정도의 사람이라면 뭔가 삶을 통해 이룬 '업적' 같은 게 있어야 하는 거 아닌가 싶었다. 아니면 자신의 삶을 통해 독자들에게 교훈을 줄 수 있는 정도로 사회적인 영향력을 가진 인사가 출간하는 책이어야 할 것 같은? 하여튼 내세울 만한 업적도 없고 사회적인 영향력을 가진 사람도 아닌 나여서, 내가 지금 쓰고 있는 이 책을 '자서전'이라 부르는 어색함은 피하겠다는 초심(?)을 유지하기로 한다. '회고록'은… 더 이상 젊지는 않지만 아직 늙은 건 아니라는 생각으로 버티는 지금 말고 나중에, 회고할 것들과 젊은이들에게 해주고 싶은 얘기들이 더 많아지면 그때 생각해 보기로...

이 책을 무어라 부를지가 중요하다 여기진 않는다. 다만 읽으시는 분들께서 실제로 내가 하려는 말들보다 더 무거운 마음으로 이 책을 읽어 내려가지는 않으셨으면 하는 마음에 미리 말씀드린다. 자서전도 회고록도 아닌, 대중가수로 살아온 한 여자가 자신의 삶 속에서 겪은 일들과 그때마다 하게 됐던 생각들을 쓴 고백 정도로 이 책을 읽어 주셨으면 한다.

자서전을 쓸 만큼은 아닐지 모르겠으나 이룬 게 전혀 없지는 않다. 고등학교 3학년 때 'KBS 청소년 창작가요제'에 참가해 대상을 받았으니 대한민국에서 가수를 꿈꾸는 청소년들 중 1등은 해봤고, 데뷔곡 '미니 데이트'를 불러 가요 순위 5위에 올라도 봤으니 대한민국 전체에서 5등은 해 본 셈이고, 또 한때는 한국의 머라이어 캐리, 휘트니 휴스턴으로 불리며 당대 가장 노래 잘 하고 춤 잘 추는 여자 가수로 인정받기도 했고, 군인들이 가장 보고 싶어 하는 가수로 뽑히기도 했으니까, 한마디로 대중이 좋아해 주는 '인기'라는 걸 누려 본 적이 있으니까 그 인기도 노력으로 이루어낸 업적이라면 업적일지 모른다. 그렇지만 내가 정작 '자랑하고픈' 내 삶의 부분은 그게 아니다. 인기 있던 가수였을 때가 아니라 오히려 그렇지 못했을 때 내 삶에서는 훨씬 더 의미 있는 일들, 그래서 지금 세상에 들려주고 싶은 얘기들이 많았다.

내가 이 책을 쓰기로 결심한 이유다. 인기 절정을 누리던 가수 윤영아가 더 이상은 젊지 않은 '어느 여가수'가 되었을 때 깨닫게 된 소중한 의미, 인기 따위와는 절대로 바꾸고 싶지 않은 그 진정한 삶의 의미를 이 책을 읽으시는 분들과 나누고 싶어서... 그러므로 이 책은 자서전도 회고록도 아닌 여러분께 들려드리고 싶은 가수 윤영아의 고백이다.

낯선 땅, 낯선 곳…

나는 30년 넘는 가수 생활 동안 단 한 번도 해보지 않은 모노드라마를 공연하기 위해 미국 필라델피아의 어느 극장 분장실에 앉아 있다. 분장실 문틈으로 무대의 검은 커튼이 보이고 그 사이로 공연을 기다리는 관객들의 모습이 보인다. 저분들 중에 90년대의 윤영아를 기억하시는 분들이 계실까?

곧 공연이 시작된다. 내 생애 처음으로 서 보는 모노드라마 무대… 내가 해낼 수 있을까?

연습은 이 정도면 됐다 싶을 만큼 했다. 준비는 됐다고 생각한다. 하지만 저 무대 위 조명 속으로 들어서는 순간부터 나는 혼자다. 누구도 나를 도와줄 사람이 없다. 한 시간 반의 공연을 나 혼자서 해내야 한다. 상대역도 없다. 쉴 틈도 없다. 당황해서 머리 속이 하얘지는 상황이 벌어지기라도 하면 미국에서 초연하게 된 윤영아의 자전적 뮤지컬 모노드라마는 그걸로 끝이다. 그렇게 많은 무대에서 당대의 기라성 같은 가수들과 30년 넘게 노래를 불렀던 나지만 '모노드라마'라는 무대를 앞에 두고는 갑작스런 두려움에 휩싸인다. 하지만 되돌릴 수도, 여기서 멈출 수도 없다. 해야 한다. 더 이상 선택의 여지가 없다. 그냥 하는 수밖에 없다. 그 방법밖에 없다.

해보자!

2024년 5월 대한민국 현존 여자 가수로는 처음으로 자전적 뮤지컬 모노드라마를 미국 필라델피아에서 공연할 때, 첫 공연이 시작되기 직전의 이 순간들을 나는 뚜렷이 기억한다.

사실 한국도 아닌 미국에서 내가 살아온 삶의 이야기를 연극으로 공연하게 된, 나 이전에 누구도 해 본 적이 없는 무모해 보일 정도의 이 엄청난 프로젝트도 누군가의 이 한마디에서 시작된 셈이다.

해보자!

내 삶이 그랬다. 어떤 상황에서 더 이상의 선택이 없었을 때, 난 나 자신에게 말하곤 했다. 해보자고… 하는 수밖에 없다고… 내 모노드라마의 마지막 대사가 끝나고 믿을 수 없을 만큼 열광적인 박수를 받으며 조명이 천천히 어두워지는 그 순간 나는 비로소 알았다. 내가 해냈다는걸.

살아가는 동안 나 자신에게 해보자고 외쳤어야 했던 그 수많은 순간들을 나는 기억한다.

1. 엄마

사람들이 바삐 지나는 곳에서 길을 지나는 한 사람 한 사람을 바라본 적이 있으신지…

언제부터인지 모르게 내겐 그런 습관이 생겼다. 밖이 내다보이는 카페에 혼자 앉아 세상과 사람들을 바라보고 있으면 여러 얼굴들이 떠오르고 그들에 대한 추억과 함께 상념에 잠길 때가 있다.

향긋한 커피 한 잔이 생각나 컴퓨터를 들고나와 카페에 앉은 오늘도 나는 그 습관에 빠져든다. 중년에 몸집이 다소 뚱뚱하고 차림도 허름해 보이는 어떤 여자분이 무언가 마음이 무거운 일이 있는지 밝지 않은 표정으로 걸음을 옮긴다. 내 상상력이길 바라지만 그녀는 행복해 보이지 않는다. 어둡고 우울한 표정으로 어디를 가시는 걸까? 저분에게는 집에 돌아가 환하게 웃으며 얘기할 누군가가 있을까? 공연한 바람인지 또는 오지랖인지 모르겠지만, 그런 사람이 저 여자분에게도 있었으면 좋겠다는 생각을 한다. 왠지 저분에게는 다정히 대해주는 누군가, 사랑해 주는 어떤 사람이 없을 것 같다는 쓸

쓸한 상상이 스쳐 지나갔기 때문이다. 내 오지랖이 틀렸다면 죄송하고 또 다행이지만 말이다. 내 상상의 근거는 저분의 얼굴에서 보이는 우울 때문이려니 싶다. 만일에 그런 존재가 있다면 저분의 표정이 저렇게까지 어둡지는 않을 것 같다는 생각 때문일 거다. 이런 상상에 붙들려 있는 동안, 그 옆으로 엄마의 손을 잡고 세상의 이것저것이 다 흥미로운 듯 두리번거리며 지나치는 어린 여자아이가 보인다. 그 대조적인 광경을 보다가 이런 연극 대사가 떠오른다. '어렸을 적 내 사진을 본 적이 있어요...' 나잇 마더'라는 작품에 나오는 제씨라는 인물의 대사다. 사진 속 분홍색 피부에 발길질을 해도 누구 하나 다치게 하지 못하던 그 아기가 모든 것들에 실패하고 유일하게 자신의 의지로 할 수 있는 한 가지, '자기의 삶을 여기서 끝내는 일'을 하려는 지금의 자신이 되어 있다는 얘기다.

어두운 표정으로 길을 가는 저 중년의 여자분도 세상의 모든 것을 두리번거리는 저 여자아이처럼 어린 시절이 있었으리라. 저 여자분은 기억할까? 어린 시절 엄마의 손을 잡고 길을 걸으며 걱정거리가 아닌 세상의 신기한 것들을 마음에 담던 시절, 단지 엄마와 같이 있다는 것만으로도 행복하던 그 시절, 자기가 누군가에게 아주아주 귀하던 그 시절을 말이다. 그런 기억이 떠오를 때 저 여자분은 눈물을 흘릴까 아니면 이제 그런 감정까지도 말라버려서 추억이나 그리움 따위는 떠올릴 여유조차 없이 살아가고 있을까? 저 여자분은 더 이상 누군가에게 주목받거나 환영받지 못하는 사람일 수 있다. 무거운 마음으로 하루하루를 살아가고 있을지 모른다.

하지만 저 여자분도 누군가의 기쁨 속에 태어나 사랑으로 보살핌 받으며 자란 귀한 아이였을 것이다. 누구나 누군가에게는 소중한 사람이다. 그러므로 이 세상에 귀하지 않은 사람은 없다. 이런 생각이 들 때면 나는 자기 자신이 귀하다 생각하지 못하는 사람에 대한 연민이 생긴다. 불과 얼마 전까지 나 자신의 모습이어서 더 그런지 모르겠다. 그리고 나는 그때 이런 걸 생각할 겨를조차 없이 살고 있었다. 나 자신이 누군가에겐 귀한 존재였음에도 더 이상 그렇지 않은 현실을 슬퍼할 겨를도 없이 말이다. 아마도 이 책의 상당 부분은 그 시절의 얘기로 채워질 것이다. 슬픔조차 느낄 겨를이 없이 살아남기 위해 발버둥 치던 그 시절의 얘기 말이다.

누가 어디서 나고 자랐는지를 듣는 것처럼 따분한 일도 없을 것 같으니 얼른 말하고 넘어가기로 한다. 청파동에서 태어나 마포구 공덕동에서 초등학교(당시 국민학교) 5학년 때 은평구 응암동으로 이사 갈 때까지 살았다. 공덕동의 주소가 정확히 기억난다. 110번지 16통 5반... 이 주소를 지금까지 기억하는 데는 이유가 있다. 나는 어딜 가든 길을 잘 잃어버렸다. 지금까지 극복 안되는 여러 가지 나의 모자란 부분 중 하나가 '길눈'이다. 길에서 누가 과자 사준다고 하면 졸졸 따라갔다가 길을 잃어버리고 파출소에 맡겨진 적이 많았다. 나의 그런 점을 잘 아시는 엄마는 내게 집 주소와 전화번호를 단단히 외우게 하셨고 늘 파출소로 찾으러 오셨다. 게다가 나는 병약했고 목이 매우 짧아서 어깨 위에 바로 머리가 붙어있는 모양이었고, 얼굴은 엄마가 걱정할 정도로 못생긴 데다가 말까지 더듬었다. 어렸을 때 기억나는 한 가지는 내가 유치원을 '중퇴'했다는 사실이다. 지금 그 이유를 말하면 어이없어 할 사람들이 많겠지만 당시 내게는 심각한 문제였다. 목도 짧고 얼굴은 못생긴 데다가 말까지 더듬었던 나는 유치원 선생님들에게 늘 뒷전이었다. 내가 유치원 중퇴를 '결단'하게 된 결정적인 이유는 '그네'였다. 유치원에는 놀이터가 있었고 선생님들은 아이들에게 순서대로 그네를 타게 하시고는 뒤에서 밀어 주셨다. 늘 예쁘고 곱게 차려입은 아이들부터 선생님들이 밀어 주시는 그네를 탈 수 있었다.

문제는 엄마가 데리러 올 때까지 내 순서가 오지 않았다는 것... 그네 타기에서 매일 뒤로 밀려 끝내 순서를 기다리다 집에 오는 일이 계속되자, 나는 다시는 여기 오지 않겠다 결심했다. 지금도 또렷이 기억난다. 화가 난 나는 판자로 만든 상자에 스케치북, 크레용, 색연필과 심지어 두루마리 휴지까지 싸서 유치원을 나와 집으로 와 버렸다.

두루마리 휴지... 지금도 마지막으로 합판 상자에 이걸 넣었던 기억이 나는 이유는 어린 그때도 다 크고 나서도 엄마가 왜 두루마리 휴지를 가방에 넣어 보내셨는지 이해할 수 없었기 때문이다.

(엄마랑 그네타는 모습)

지금 생각해 보면 설마 선생님들이 예쁜 아이들과 못생긴 나를 차별했을까 싶다만, 그땐 그게 견디기 어려웠다. 물론 차별의 부당함에 대한 깊은 문제의식 같은 건 아니었고 단지 선생님들이 밀어주시는 그네를 타고 어린 나의 눈에 너무 높다 싶은 곳까지 올라가며 까르르 즐거워하는 아이들이 부러웠을 뿐이다. 나도 그래보고 싶었다. 다른 아이들처럼, 너무 높이 올라가는 거 아닌가 싶을 정도로 짜릿하게 높은 곳까지 하늘을 향해 솟구쳐 올라 보고 싶었다. 엄마에게 있었던 일들을 얘기하며 유치원에

가기 싫다는 얘기를 했을 때, 엄마는 이상하리만치 흔쾌하게 허락하셨다.

'가기 싫으면 가지 마.'

며칠 후에 선생님이 집으로 찾아오셨고 엄마는 선생님께 차분하게 그러나 아주 간단명료하게 말씀하셨던 기억이다. 엄마는 '그네' 얘기 같은 건 하지 않으셨다. 그냥 '영아가 힘들어하네요. 유치원에 다니고 싶어 하지 않아요.' 정도였다. 항의 같은 건 없었다. 이유를 묻는 선생님에게 단지 '영아가 힘들어해서'라고 말씀하셨던 우리 엄마... 그런 우리 엄마가 어떤 사람인지, 어떤 여자인지 이해하기까지는 '너무' 오랜 시간이 걸렸다. 못생겨서가 아니라 적극적이지 못해서 그네 타는 순서에서 늘 뒤로 밀렸다고 믿고 싶다. 말더듬이였던 나는 무슨 말인가를 할 때 늘 망설였던 기억이다. 어쩌다 급히 뭔가를 설명하려다 보면 더 말을 더듬게 되는 일이 반복됐던 것 같다. 그러니 그네를 안 태워 주시는 선생님께 항의도 못 하고 내가 탈 차례다 주장하지도 못 했던 것 같다. 그런 나를 엄마는 한 번도, 단 한 번도 다그치시거나 내가 못하는 무엇인가를 강요하신 기억이 없다.

엄마와의 추억 중에 가장 큰 부분은 '시장'에서 만들어졌다. 지금은 '재래시장'이라고 불리는 곳이지만 그때는 요즘같이 잘 꾸며진 이른바 '마트' 같은 게 드물었다. 슈퍼마켓이라는 이름으로 불리는, 그나마 깔끔하게 현대식으로 꾸며진 식료품 상점이 있었지만 그래도 우리 엄마가 늘 장을 보는 곳은 재래시장이었다. 시장에는 내가 좋아하는 것들이 잔뜩 있었다.

엄마는 거의 매일 장을 보셨다. 내가 지금도 시장을 좋아하는 이유는 엄마와의 추억이 고스란히 묻어 있기 때문이다. 내가 세상에서 가장 사랑하는 사람과 좋아하는 것들이 가득한 곳에 있는 것처럼 행복한 일은 없다. 엄마는 동네 시장도 자주 가셨지만, 을지로 중문 시장에서 오징어, 멸치, 쥐포 같은 건어물을, 청량리 시장에선 약재료, 과일, 야채 같은 걸 사셨다. 마장동 시장에 가셔서 고기를 부위별로 사셨는데, 꼬리곰탕은 거의 사계절 밥상에 오르던 우리 집 메뉴였다. 참기름 짜던 방앗간을 지나갈 때면, 내가 좋아했던 시장의 냄새가 났다. 그래서 참기름을 살 일이 없어도 난 엄마의 손을 이끌고 참기름집을 지나쳐서 걷고 싶어 했다.

시장에는 맛있는 것들만 있는 게 아니었다. 어느 여름날 콩 국물 파는 곳이 내 눈을 붙들었다. 일부러 콩 국물을 넘치게 해서 흘러내리게 만든 기계가 보였는데, 위로 넘쳐 아래로 흘러내리는 모양이 뽀얀 흰색의 분수 같아서 너무도 아름다웠다. 이 이미지는 지금도 잊히지 않고 또렷이 기억난다. 떡집을 지날 때 내 눈에 들어온 분홍, 노랑, 초록의 꿀떡들... 깨물면 안에 든 깨와 설탕이 입안에서 터졌다. 어렸을 때 난 그 느낌을 엄마에게 '찌르륵 또랑또랑 꿀떡'이라고 표현했고 엄마는 떡집을 지날 때 늘 "우리 찌르륵 또랑또랑 꿀떡 먹을까?"라고 묻곤 하셨다. 엄마는 그러셨다. 꿀떡 사줄까? 하시지 않고 '우리... 먹을까?'라고... 엄마는 내가 자라서도 늘 마치 친구끼리 그러는 것처럼 나와 군것질하며 수다 떠는 걸 좋아하셨다. 시장은 이렇듯 나의 오감을 달콤함과 신비함으로 채워주던 곳이었고, 무엇보다 내가 가장 사랑하는 친구인 엄마의 손을 잡고 영원히 계속될 것 같던 행복을 만끽하게 해주던 공간이었다.

엄마는 든든하게 나를 지켜주는 존재였을 뿐 아니라 내가 좋아하는 것들을 같이 좋아해 주는 나의 가장 친한 친구였다. 꿀떡을 먹으며 엄마는 내게 숫자를 알려주셨는데, 꿀떡을 셀 때 입안에서 터지는 꿀떡의 느낌대로 하나 두울 세울 네울 음률에 맞춰 제 맘대로 숫자를 세면, 엄마도 같이 세울 네울 하며 까불거리는 나를 따라 하셨다. 왜 꿀떡을 먹는 느낌이 세울 네울이냐고? 그건 모르겠다. 그냥 꿀이 입안에 퍼질 때 느낌을 나름의 의태어를 섞어 막 표현한 거다 이해해 주시길... 어린아이의 '제 맘대로 표현'을 엄마는 교정 없이 그대로 따라 해 주셨다는 사실에만 주목해 주시기 바란다. 엄마는 많은 말들을 내게 하셨는데 지금 생각하면 어린아이에게 그런 말씀을 하면서 이해할 거라 생각하셨나 싶은 것들도 있다. 가령 문간방에 사시던 어느 여자분에 대한 얘기 같은 거다. 엄마는 문간방 여자분이 살아온 삶에 대해 얘기하시며 내게 물으셨다.

"넌 어떻게 생각해?"

나는 그 문간방 여자분의 인생 스토리는 기억 못 하지만 엄마의 이 물음은 또렷이 기억한다. 엄마는 어떤 얘기를 하시고는 늘 이렇게 물으셨으니까.

"넌 어떻게 생각하니?"

엄마는 늘 내가 어떻게 생각하는지, 내가 무슨 생각을 하는지가 중요하다 여기셨던 모양이다. 그리고 엄마의 이런 물음은 내가 자라고서도 한결같았다. 내가 뭘 좋아하는지, 무엇을 하고 싶은지가 엄마의 교육에서 가장 중요한 부분이었던 것 같다. 내가 유치원을 그만두겠다는 결단(?)을 내릴 때도 엄만 같은 생각이셨고 내가 가수가 되겠다는 꿈을 꾸기 시작했을 때도 엄만 그렇게 내 생각을 존중하셨다. 초등학교에 입학했을 때도 난 몸이 약해 늘 병치레를 했다. 늘 기침을 달고 살았고 겨울이면 학교 가는 날보다 못 가는 날이 더 많을 정도로 병약했다. 엄마는 그런 나에게 학교에서 배워야 할 것들을 집에서 가르쳐야 하는 고충을 겪으셨던 거 같다. 그땐 엄마가 마냥 너그럽기만 한 건 아니었다. 엄마는 내게 시계 보는 법을 가르치셨는데 지금 생각해도 웃음이 난다. 엄마는 시계추가 있는 마루의 벽시계로 나를 데리고 가셨다.

엄마   짧은 바늘이랑 긴 바늘이 있지?
나   응
엄마   짧은 바늘이 시간이야. 지금 몇 시 몇 분이야 하고 말할 때, 몇 시는 짧은 바늘이 가리키는 숫자를 읽으면 돼. 알았지?

나   응

엄마   그리고 긴 바늘은 분이야. 몇 시 몇 분이다 할 때 분. 근데 긴 바늘은 숫자를 읽으면 안 돼. 긴 바늘이 1을 가리키면 5분이야. 2를 가리키면 10분이고 3을 가리키면 15분 이렇게 되는 거야. 숫자가 하나씩 올라가면 분은 5분씩 많아지는 거야. 알겠지?

나   응

엄마   (내 표정을 미심쩍게 보며 고개를 갸웃하면서도 계속 말을 이어간다.) 긴 바늘이 6을 가리키면 30분인 거야. 짧은 바늘이 1에 있고 긴 바늘이 6에 있으면 1시 30분이 되는 거지. 알겠어?

나   응

엄마   그래 그럼 지금 짧은 바늘이 2에 가 있고 긴 바늘은 4에 가 있어. 짧은 바늘은 그냥 숫자대로 읽으면 된다고 했지? 그럼 지금 몇 시야?

나   몰라.

엄마   … (한숨) …

이걸 한 세 번 반복하면 내 친구 같은 엄마, 손잡고 시장을 같이 보며 늘 내 눈 높이에 맞춰 같이 놀아 주시던 엄마도... 끝내 이성을 잃으셨다. 한 가지 부탁드린다. 내가 좀 모자라긴 했어도 이는 병약했던 이유로 정규 수업 시간에의 출석률이 절대적으로 부족해서였지 결코 지능의 문제는 아니라고 우기고 싶으니 그렇게 이해해 주셨으면 한다. 그래야 이 책을 계속 읽으실 의욕이 생기시지 않겠는가...학교에서 구구단을 외우지 못해 늦게까지 남아 다 외울 때까지 집에 못 갔던 일도 있긴 하지만 이 역시 같은 이유다. 다른 아이들이 구구단 외울 때 나는 엄마가 불러주는 노래를 들으며 펄펄 끓는 고열로 앓아누워 있었으니... 조금 찔리는 건, 어쩌면 다른 아이들은 내가 '중퇴'한 유치원에서 이미 구구단을 마스터했는지도 모를 일이긴 하다.

 엄마는 사실 국민학교만 나오신 분이다. 외갓집은 과수원을 하셨고 결코 생활이 어려운 집안이 아니었는데도, 당시에 여자가 많이 배워봐야 소용없다는 생각으로 엄마의 부모님, 즉 내 외할아버지 외할머니께서는 생각하셨던 모양이다. 그런데 난 지금까지 우리 엄마처럼 똑똑하고 지혜로운 여자는 만나보지 못했다. 외갓집의 과수원은 평택에 있었다. 엄마의 처녀 때 별명이 춘향아씨였단다. 본인에게 들은 얘기니 얼마나 많은 사람들이 실제로 엄마를 춘향아씨라고 불렀는지는 모를 일이지만 여하튼 인기는 있었던 모양이다. 엄마는 댕기를 따고 한복을 손수 지어 입었다고 한다. 충분히 믿어지는 얘기다. 엄마는 바느질도 뜨개질도 잘 하셔서 겨울 스웨터도 다 손수 만드셔서 날 입히셨으니까. 엄마의 인기 덕에 당시 근처 군부대에 있던 꽤 높은 계급의 군인이 자기 부하들을 데리고 와서 엄마의 과수원을 일궈줬다고 한다. 엄마와 할머니의 환심을 사고 싶어서였으리라. 꽤 좋은 맞선 자리도 많이 들어왔는데, 엄마는 내 아버지를 만나셨고 결혼하게 됐다. 이유는 아주 명료했다. 아버지가 다니는 회사가 마음에 들어서였단다. 아버지는 미국의 중장비 회사 캐터필러의 직원이셨고, 영어를 잘해서 당시 회사에서 다른 직원들에게 생활영어도 가르쳐 주곤 했단다. 정확히 기억은 안 나지만 판매 실적도 회사 전체에서 5등을 할 정도로 인정받던 분이었다고 한다. 문제는 그런 능력을 가진 분이 만 18년 동안 엄마에게 월급을 안 가져다주셨다는 사실... 엄마는 필요할 때마다 아버지에게 돈을 타내서 생활을 하셨단다. 엄마가 늘 투덜대셨기에 나는 이 사실을 어렸을 때부터 알고 있었다.

아버지는 내가 어렸을 때 주말이면 늘 가족들을 모두 데리고 피크닉을 가셨다. 사진 찍는 걸 좋아하셔서 자주 사진을 찍어주셨다. 지금 내가 가지고 있는 내 어린 시절 사진은 모두 다 아버지가 찍으신 것들이다. 엄마는 내게 절대적인 존재였고 지금도 늘 그리움의 대상이지만, 아버지와의 관계는 꼭 그렇지만은 않았다. 옷을 멋지게 잘 차려 입었던 한 남자, 늘 세련된 매너로 사람들을 대했지만 다정하기보다는 집에서나 밖에서나 그냥 늘 '세련되기만 했던' 한 남자, 고급스럽지만 그 고급스러움이 가족과는 별 연관이 없어 보였던 한 남자... 내 어린 시절의 아버지는 늘 이런 느낌으로 내게 기억된다. 아버지와의 기억은 오히려 아버지 삶의 마지막 부분에서 더 많이 만들어졌다. 내가 태어나서부터 아버지가 2023년 5월, 만 91세의 연세로 이 세상에서 떠나실 때까지, 나는 아버지와 늘 같은 집에서 살았다. 아버지가 일을 하실 수 없게 된 뒤로 난 아버지를 부양했어야 했으니까... 아버지는 오빠들이 아닌 나와 같이 살기를 원하셨고 난 그런 아버지를 모셨다. 노년에 전두엽에 이상이 생기고 치매에 구강암, 설암, 심지어는 피부암까지 걸리셨던 아버지를 모셔야 했던 시기는 내가 내 인생에서 가장 큰 시련을 겪었던 때와 일치한다.

나이가 들고 내가 더 이상은 '젊지 않은 여가수'가 되었을 때부터 아버지에 관해 더 많은 것들을 알게 되었고, 이 얘깃거리들은 내 삶에서의 그 시기를 이야기할 때 자연스럽게 털어놓게 될 것이므로, 아버지에 대한 얘기를 연대기 순으로 더 늘어놓을 필요는 없어 보인다. 나는 지금 내 삶에서 도덕적, 철학적 기준이 된 많은 것들을 엄마에게서 배웠다. 엄마의 신념은 나의 신념으로 고스란히 상속되었다. 가령 '약자에게는 한없이 약해야 하고 강자에게만 강하면 된다'와 같은 엄마의 철칙 같은 것들 말이다. 아버지의 영향이 없었던 것은 아니나 아버지에게서는 오히려 그분 삶의 끝자락에서 더 많은 걸 보고 느끼고 배울 수 있었다. 아버지에 대한 존경 같은 게 만들어진 것도 그분의 바로 그 마지막 시간들에서였다. 하지만 어린 시절의 내게 아버지의 의미가 가치 없었다 여기진 않는다. 아버지는 내게 뭔가를 해줬기 때문이 아니라 그 자체로 모델이 된 사람이었다.

좋아하는 것과 잘 하는 것

외갓집에 가면 종종 굿판을 구경할 수 있었다.

무당이 일상적이지 않은 말투와 목소리로 주문을 외며 춤을 추는 광경은 아주 좋은 볼거리였고 그 자체로 흥미진진한 공연이었다. 가수로 활동하며 뮤지컬에도 출연하고, 미국과 한국을 오가며 내 삶을 다룬 자전적 모노드라마와 연극을 공연하게 되면서 본격적으로 배우의 영역에 발을 디딘 내게, 굿판의 무당들이 해내던 일인 다역의 퍼포먼스가 은연중에 참고가 됐을지도 모를 일이다.

 굿판에 모인 사람들은 뭔가 무서운지 연신 고개를 조아리며 반복해서 절을 하고 무당은 그럴수록 더 격렬하게 누군가에게 말을 했다. 무당이 대화를 하고 있는 상대는 늘 보이지 않았다. 그러다가 갑자기 무당이 다른 사람의 목소리와 말투로 얘기를 하기 시작하면 굿판에 모인 사람들은 마치 기다리던 사람이 도착한 듯 더 무서움에 떨며 고개를 숙여 연신 절을 했다. 그 광경은 경건하고 엄숙하기까지 했다.

(88년 고등학교 1학년 수학여행버스안에서)

어린 나는 그 광경에 조금도 무서움을 느껴본 적이 없다. 오히려 재미있다고 생각했다. 무당이 춤을 추면 나도 따라 췄지만 내 춤은 무당의 그것과 좀 달랐다. 난 TV에서 본 가수들의 춤을 따라 하곤 했는데 그 춤을 굿판에서 제멋대로 추곤 했다. 누구도 말리는 사람은 없었다. 나를 데리고 굿판을 구경하던 엄마는 굿판보다는 내 춤에 더 관심을 보였다. 내가 춤을 추면 그건 누구야? 하고 물으셨고 난 이건 김추자야 이건 이은하야 했지만 사실 개념 없이 춰대는 막춤이었다. 그런데 한 가지는 분명했다. 내가 추는 춤이 엄마의 눈에는 예사롭지 않게 보였음에 틀림없다는 사실이다. 그래서 난 엄마가 주목해 주는 게 좋아 더 신나게 춤을 췄다.

노래 역시 엄마가 발견한 나의 재능이었다. 엄마는 경기민요를 기가 막히게 부르셨다. 그 당시 다른 사람들처럼 트로트도 좋아하셨고 곧잘 노래를 흥얼거리셨다. 그런데 지금 생각해도 신기했던 건 엄마가 발라드나 미국의 팝도 좋아하셨다는 사실이다. 내가 가수를 준비하기 시작했을 때 엄마도 음악에 대한 귀가 열리셨던 것 같다. 언젠가는 로큰롤도 너무 약한 것 같다며 헤비메탈(Heavy Metal)이 좋다는 얘기를 하셔서 나를 놀라게 한 적도 있다. 엄마가 좋아하시던 헤비메탈 그룹은 메탈리카(Metallica, 1981년에 결성돼 지금까지 활동 중인 미국의 헤비메탈 그룹)였다. 당시 우리 엄마 연배에 메탈리카를 좋아하던 가정주부도 흔치 않았으리라. 엄마는 내가 '나그네'라는 노래를 부를 때 좋아하셨다. '나그네'는 후에 내 모교가 된 서울예대의 이정선 교수님께서 곡과 가사를 쓰시고 이광조 님께서 부르신 노래다.

'발길 따라서 걷다가 바닷가 마을 지날 때, 착한 마음씨의 사람들과 밤새워 얘기하리라…'

내가 피아노를 치며 이 노래를 부를 때면 엄마는 흐뭇한 미소를 지으며 들으셨고, 노래가 끝나면 "내 딸 노래 잘 하네~" 하며 칭찬하셨다. 나는 어렸지만 그 칭찬이 빈말이 아니라는 걸 느낄 수 있었다.

이런 일이 있었다. 어느 날 이웃에 살던 아주머니 한 분이 우리 집에 놀러 오셔서 자기 아이 칭찬을 한바탕 늘어놓으셨다. 아이가 공부를 잘해서 반에서 1등을 한단다. 계속 1등만 해서 나중에 서울대 갈 거라고… 나는 그 아주머니가 우리 집에 계시는 동안 내 방에서 나갈 수가 없었다. 얼굴은 안 보였지만 우리 엄마가 지금 몹시 부러워서 속상해하고 계실 거란 생각이 들었기 때문이다. 저 여자분 왜 빨리 안 가시고 했던 말 또 하고 했던 말 또 하며 수다를 떠시는 걸까… 시간이 엄청 길게 느껴졌다. "에구머니 내 정신 좀 봐 저녁 차려야 하는데 내가 이러고 있다. 나 가 영아 엄마~" 정작 이웃집 여자분은 가시고 배는 고픈데 도저히 방에서 나갈 수가 없었다. 엄마 얼굴을 어떻게 보나 하던 차에 엄마의 목소리가 들렸다.

"영아야 나와. 밥 먹자."

이상하리만치 엄마의 목소리는 평소와 같았다. 평안하고 다정한 목소리… 날 부를 때 늘 듣던 그 '엄마의 목소리와 말투'였다. 그래도 이웃 아주머니가 부럽고 한편으론 창피했을 엄마를 생각하며 간신히 식탁으로 발길을 옮겼다. 방에서 식탁까지 몇 걸음이면 되는 그 거리가 왜 그렇게 멀게 느껴지던지… 눈치가 보여 눈도 못 마주치는 내 표정을 엄마는 보신 듯했다.

"옆집 엄마 말 들었구나? 그래서 기죽은 거야?"

자기 딸은 이웃집 아이처럼 딱히 자랑할 게 없어 속상해하실 거라 생각했는데, 꾸중이 아니라 오히려 내 기분을 살피시는 엄마와 눈이 마주쳤을 때, 난 나도 모르게 울음을 터트렸고 엄마는 손에 들고 있던 접시를 내려놓으시고 내게 다가와 내 얼굴을 들여다보시며 이렇게 말씀하셨다.

"영아야. 공부는 쟤가 더 잘하지만 노래는 네가 더 잘 하잖아! 기죽을 필요 없어 내 딸…"

그때 두 가지를 결심했다. 난 무조건 엄마가 하라는 대로 할 거다. 그리고 난 가수가 될 거다. 엄마의 이 한마디 위로와 격려는 내 삶의 많은 것들을 바꿔놓기 시작했다.

엄마와 아버지는 내가 원하는 거의 모든 것들을 해 주시려고 애쓰셨던 걸 나는 안다. 나뿐 아니라 내 두 오빠들에게도 엄마와 아버지는 그렇게 하셨다. 다만 그 결과는 굉장히 달랐다. 어떤 자식에게는 최선을 다해 보답해야 할 은덕이 되고 어떤 자식에게는 그 은덕이 오히려 독이 될 수 있다는 사실을 난 지금에서야 안다. 감사해야 할 부모님의 은덕이 누구에게 독이 되었는지는 굳이 밝히고 싶지 않다. 나는 그저 내 얘기를 하려 할 뿐이니까.

명지여고에 입학하고 고등학교 1학년 때부터 나의 꿈은 무르익기 시작했다.

1학년 겨울이었다. 안경을 쓰고 얌전했던 안정미라는 친구가 생각지도 못했던 생일 선물을 내게 줬다. 미국의 팝가수 휘트니 휴스턴(Whitney Houston)의 카세트테이프였다. 정미의 이 선물은 내 삶의 목표를 더욱 분명하게 만들어준 사건이었다. 휘트니 휴스턴의 노래를 처음 들었을 때 내가 받았던 충격은 지금도 생생하게 기억난다.

'사람이 노래를 이렇게 잘할 수 있다니…'

그때부터 내 꿈은 단순히 가수가 되겠다가 아니었다. 휘트니 휴스턴 같은 큰 가수가 되겠다고 다짐했다. 이 카세트테이프는 휘트니 휴스턴의 2집 앨범이었고 이 앨범에 수록된 곡들은 이후 나와 많은 인연이 되기도 했다. 나는 그중 'Didn't We Almost Have It All'에 완전히 빠져들었다. 이 노래가 단지 좋아서가 아니라 이렇게 노래할 수 있는 가수 휘트니 휴스턴의 경이롭게 느껴질 만큼 엄청난 가창력에 반하고 말았다. 나름 노래를 좀 한다고 생각하던 나는 이 노래의 가사를 찾아 흥얼거리며 따라 해 봤지만 도저히 감당 안 되는 기교와 성량에 흉내 내는 일조차 어려웠다. 바로 이때 단순히 가수를 꿈꾸던 내게 '이런 가수'가 되어야겠다는 뚜렷한 목표가 생긴 것이다. 그 첫 번째 과제가 바로 이 노래, 'Didn't We Almost Have It All'을 정복하는 일이었다. 어디서든 이 노래를 불렀다. 등하굣길에서, 내 방에서, 길을 걸으며… 누가 보든 말든 이 노래의 한 소절 한 소절을 휘트니 휴스턴처럼 부분에 따라 다른 발성과 기교로 노래할 수 있을 때까지 수백 번, 수천 번이라도 부르리라 마음먹었다.

엄마의 반응은 차가웠다. 내가 가수가 되고 싶어 연습을 하는 것 자체에 차가운 시선을 보낸 게 아니라, 휘트니 휴스턴이라는 세계 정상급 가수의 가창력으로나 부를 수 있는 노래에 도전하는 것에 대한 우려 섞인 반응이었다는 표현이 적절할 것이다. 음악에 귀가 열리고 이해가 생기고 다양한 장르의 음악을 고루 감상할 줄 알게 된 엄마는 "돼지 멱따는 소리 같다"라며 무리하게 안되는 노래를 하지 말고 소화할 수 있는 곡을 연습해 보라는 충고를 하셨다. 엄마는 '나 그네' 같은 블루스 곡이 내게 어울린다며 그렇게 스타일을 만들어 가는 게 어떠냐고 조언하셨다. 하지만 나는 가수가 되기 전부터 '내게 맞는 스타일'이라는 한계를 두고 싶지 않았다. 무엇보다 휘트니 휴스턴의 폭발력과 부드러움을 모두 갖춘 발성에 몹시 욕심이 났다. 'Didn't We Almost Have It All'을 연습할 때, 내가 생각해도 전혀 잘한다는 평가를 스스로에게 내릴 수 없었기에, 엄마의 이런 비평에 조금도 서운하거나 기분이 상하지는 않았다. 나도 내 형편없는 상태를 잘 알고 있었으니까… 아마도 곱게 할 수 있는 만큼만 꾸며서 불렀으면 이런 핀잔 섞인 걱정은 안 들었을지 모른다. 하지만 내가 하고 싶은 건 '휘트니 휴스턴처럼' 부르는 것이지 '그냥 잘 부르는' 게 아니었기에 난 그렇게 부를 수 있을 때까지 하겠다고 마음먹었고 흔들리지 않았다. 당시 주한 미군을 위한 방송 AFKN에서 음악 방송들을 챙겨보며 미국 팝가수들의 퍼포먼스까지도 그들의 수준만큼 해보고 싶어졌다. 그래서 길을 걸을 때도 당시 S사의 M으로 시작하던 카세트 플레이어로 헤드폰을 귀에 꽂고 그들의 노래를 들으며 따라 했다. 그리고 그들의 리듬과 비트에 맞춰 걸음을 걸었다. 다른 사람의 보행에 방해만 되지 않을 정도로 질서를 지켰을 뿐 내가 어떻게 보일지에는 크게 신경 쓰지 않았다.

(휘트니 휴스턴)

그러던 중... 되기 시작했다. 나는 지금도 내가 휘트니 같은 소리를 '흉내 낼 수 있게' 됐던 이 순간을 '득음'이라 표현한다. 그리고 이 때 나는 깨달았다. 노래를 좋아했지만 좋아하는 것만으로는 좋은 가수가 되기에 충분하지 않다는 사실을... 좋아하는 일을 잘 할 수도 있다면 축복이다. 하지만 잘 하는 것에도 수준이 있고 경지가 있다. 남들에게 칭찬 들을 정도로 잘 하는 걸 '잘 하는 것'으로 스스로 생각하고 만족하는 데서 늘 정체가 생기고 결국 실패가 따른다. 결국 좋아하는 걸 계속할 수 없게 된다는 얘기다. 서두에서 잠깐 내비쳤듯이, 난 이 책을 통해 누군가에게 충고를 하거나 교훈을 주려는 마음이 전혀 없다. 다만 내가 가수로 살아오면서 느낀 한 가지를 얘기하고자 한다.

동네에서 노래 잘 하는 사람이 되는 것과 프로가 되는 것은 완전히 다른 얘기다. 프로 중에서도 더 높은 단계, 즉 휘트니 휴스턴의 경지로 올라서는 일은 또 다른 문제다. 경지에 오르는 과정에서 어느 단계가 지나면 좋아하던 것이 좋아하는 게 아닌 것처럼 느껴지는 순간이 있다. 잘 하려면 좋아할 틈이 없다는 말이 맞는 표현일 거라 여겨진다.

숨이 턱까지 차오르고 죽을 것만 같은 단계를 지나야 하는 그 과정 속에서 과연 자신이 하고 있는 바로 그 좋아하는 일을 즐길 수 있을까? 그럴 수 있다면 그 사람은 세상에서 가장 행복한 사람일 게다. 적어도 나는 그럴 수 없었다. 그래서인지 '노력하는 자가 즐기는 자를 당할 수 없다'는 말을 나는 크게 신뢰하지 않는다.

'최선을 다했다'는 표현을 누군가에게서 들을 때 늘 어색함이 느껴진다. 내가 생각하는 최선이란 '될 때까지 하는 것'이기 때문이리라. 한 곡을 잘 부르기 위해 나는 될 때까지 한다는 각오로 노래했다. 그래서 내게는 콘서트에서, TV 음악방송에서, 행사에서 노래를 마쳤을 때 이게 정말 나의 최선이었는지를 늘 생각하는 습관이 생겼다. 난 그때나 지금이나 내가 하겠다고 마음먹은 일은 반드시 이루고야 말겠다는 각오로 살았다. 분명 내가 좋아하는 일을 계속했지만, 즐기기보다는 치열하게 살아왔다는 표현이 더 적절할 것 같다.

*** 정미에게

얌전하고 착했던 모범생 정미야.

혹시 이 책을 읽고 있다면 꼭 고맙다고 인사를 하고 싶어.

고등학교 졸업 후 가수로 데뷔하고 인기를 얻고 그러다가 감당하기 너무 힘들었던 시련을 겪는 사이 어느새 나이가 이렇게 들었네. 가수가 되겠다며 틈만 나면 노래를 부르고 교실에서도 심지어 학교 발코니에서도 춤을 추던 내가 네 눈에는 어떻게 보였을까? 너랑은 너무나 달랐던 나를 흐뭇하게 바라보며 응원해 줬던 너...

알고 있니? 네가 준 생일 선물이 내 삶에 큰 목표와 동기가 됐다는 사실? 내가 가수가 되고 TV에 나올 때 너도 보고 있었니? 난 아직도 노래를 하고 연기를 하며 무대에 서고 있어. 네가 준 카세트테이프의 휘트니 휴스턴처럼은 되지 못했지만, 내게 주어진 기회를 소중히 여기며 열심히 노래하고 연기하지. 혹시 이 책을 보거나 내가 공연한다는 소식이 들리면 나를 좀 찾아 줄 수 있니? 만나서 웃는 얼굴로 너에게 고맙다는 인사 꼭 하고 싶어.

고마워 내 친구 안정미...***

고등학교 시절을 추억하면 반드시 떠오르는 한 가지 재미있는 사건이 있다. 당시 인기 있던 라디오 음악방송으로 DJ 김기덕 님이 진행하시던 '2시의 데이트'를 아시는지. 80년대에 청소년기 또는 젊은 시절을 보낸 분들, 그중에서도 특히 '팝송 꽤나 들었다' 하시는 분들은 대부분 기억하시리라. 매번 광고가 끝나고 방송이 재개될 때 '2시의 데이트, 김기덕입니다'라는 DJ의 코멘트로 유명하던 방송이다. 휘트니 휴스턴의 영향으로 팝의 세계에 푹 빠져 있던 나도 물론 이 방송의 애청자였다. 여름방학의 어느 날, 무슨 생각에서였는지 청취자 전화를 받던 방송국에 전화를 했고 그 유명한 DJ 김기덕 님과 전화 연결이 됐다. 휘트니 휴스턴 노래를 신청하기 위해 전화를 했는데, 최고의 인기 DJ 김기덕 님과 방송으로 얘기를 하고 그 대화가 전파를 타고 전국으로 방송되는 기회가 주어진 것이다. 김기덕 님은 내게 장래 희망이 뭐냐고 물으셨고 나는 '휘트니 휴스턴 같은 가수가 되는 것'이라고 망설임 없이 대답했다. 그리고 김기덕 님은 '그럼 노래를 조금만 해볼 수 있겠냐'고 물으셨다. 준비 안된 상태로 즉석에서 부른 노래는 패티 김 선생님의 '못잊어'였다.

(제3회 90년 KBS 청소년 창작 가요제 앨범)

사람들은 내가 대상을 받은 KBS 청소년 창작가요제를 내가 노래로 출연한 첫 방송으로 알고 있지만, 나는 이미 그 이전에 라디오 음악 프로그램에서 전국의 청취자들을 대상으로 노래를 한 셈이다. 내가 이래 봬도 당대 최고의 라디오 음악 방송, '2시의 데이트'에서 가수가 되기 전부터 노래를 한 사람이다. 물론 '이래 봬도'부터는 썰렁한 농담이다. 전화로 노래한 게 뭐 그리 대단한 일도 아니었고 말이다. 하지만 이후 내가 가수가 되고 내 데뷔곡이 인기를 얻었을 때, '2시의 데이트' 공개방송에 이번에는 인기 가수로 출연하게 됐고, 고등학교 시절 내가 전화로 노래했던 일화를 소개했다.

이 방송에서 내 히트곡 '미니 데이트'를 부르며 살짝 감격했던 기억이다.

가수가 되고 싶다는 말을 엄마에게 한 이후 부모님은 지인의 소개로 작곡가 사무실을 알아봐 주셨다. 이렇듯 내 어머니는 내가 하고자 하는 일을 적극적으로 지원하셨고 아버지까지도 협조하게 만드셨다. 히트곡을 많이 만드신 분이고 이름만 말하면 알만한 작곡가께서 운영하시던 사무실이었다. 이때 내가 만난 또 한 명의 가수 지망생이 후에 JTBC 싱어게인에 출연할 때 내 닉네임(싱어게인 50호, 여자양준일)이 된 양준일이었다. 나보다 약간 나이가 많았지만 비슷한 연배였고 같은 꿈을 가졌던 우린 금세 친해졌다. 미국에서 자라 미국적 분위기와 느낌을 가진 양준일에게 나는 당시 팝에 대한 얘기를 들으며 내 노래에 대한 영감을 얻기도 했다.

다른 아이들이 하루에 서너 시간 자며 공부할 때 나는 지금 생각해도 부끄럽지 않을 정도로 노래 연습에 모든 시간과 노력을 쏟아부었다. 양준일과 춤 연습을 하고 작곡가 선생님의 곡 작업을 곁에서 지켜보며 기성 가수들의 연습 과정도 가까이서 견학할 수 있었다. 그리고 고등학교 3학년 때 가수가 되기 위한 나의 첫 도전이 이루어진다. 제3회 KBS 청소년 창작 가요제에 참가하게 된 것이다. KBS 청소년 창작 가요제는 당시 가수를 꿈꾸는 청소년들의 등용문 같은 의미였다. 후에 뛰어난 가창력으로 여러 히트곡을 발표하며 대한민국 최고의 로커가 된 김경호가 나보다 한 해 전에 바로 이 가요제에 참가했고 동상을 수상했다. 내가 참가한 제3회 KBS 청소년 창작가요제에는 후에 투투(대표곡 1과 2분의 1)로 인기를 모은 가수, 지금은 고인이 된 김지훈도 참가했다. 김지훈 역시 어렸을 때부터 뛰어난 실력을 갖춘 재능이었지만 운이 없었는지 수상하지 못했다.

내가 참가한 제3회 KBS 청소년 창작가요제에는 이선희, 민해경 당대 최고의 여가수 두 분과 그룹 '무한궤도'를 결성, 대학가요제에서 대상을 받은 고(故) 신해철 님이 초대가수로 노래를 하셨다. 그만큼 당시 KBS 청소년 창작가요제는 권위 있는 대회였다. 이 가요제를 준비하는 동안 나는 반드시 대상을 받겠다는 각오로 충만했다. 전국에서 나와 같은 꿈을 꾸는 쟁쟁한 재능과 실력의 또래 청소년들이 참가하는 경연 대회에서 입상도 아니고 대상을 받겠다는 각오로 덤벼들었다는 건 은근히 자신도 있었다는 의미 아니겠는가.

대회 당일 엄마가 가요제가 열린 장충체육관에 날 데려다주며 하신 말씀이 아직도 잊히지 않는다.

"상 못 받아도 돼! 네가 할 수 있는 것만 다 하고 내려와. 후회만 남지 않으면 돼. 엄마가 바라는 건 그게 전부야. 알았지?"

그때 난, 엄마는 내가 상을 못 받을 거라고 생각하시나 싶었다.

참가번호 16번 서울 대표로 참가한 이 가요제의 사회는 당대 최고의 MC로 인기를 모으던 임백천 님과 하이틴 스타 이상아 님이 맡으셨다. 내가 부른 노래는 '오선지에 그리는 슬픔'이라는 곡이었다. 내 순서가 됐을 때, 아주 솔직히 말해서, 난 조금도 떨리거나 긴장이 되지 않았다. 잘 부를 자신이 있었다. 내 자신감이 근거 없었다고는 생각하지 않는다. 이때야말로 나는 최선을 다했다고 자신 있게 말할 수 있을 만큼 노력했기 때문이다. '잘할 수 있을 때까지' 누가 들어도 흠잡을 데 없다고 여길 만큼, '될 때까지 하는 게 최선을 다하는 것'이라는 나의 기준에 부합되는 노력을 한 셈이다. 두 사회자께서 입상자를 발표할 때 난 오히려 내 이름이 먼저 불릴까 봐 조마조마했다. 대상은 가장 나중에 호명되니까 말이다. 교만이 아니라 열심히 준비한 자의 확신이라 생각해 주셨으면 한다.

마지막 대상 수상자 발표만 남았을 때 아주 잠깐 긴장했던 건 물론 사실이다. 대기실 밖에서는 환호성이 들리고 방청객들은 자기들이 예상하거나 응원하는 참가자의 이름을 외치기도 했다. 대기실 안이어서 정확히 듣지는 못했지만, 윤영아를 연호하는 관객들의 목소리가 다른 외침들에 섞여서 들렸다. 그때까지 내가 대상이구나 확신한 건 아니었지만, 내가 잘 하긴 했나 보다 생각은 들었다.

대상을 발표할 때 관행적으로 사회자는 뜸을 들인다. 시간을 끌며 일부러 긴장감을 고조시킨다.

(KBS청소년창작가요제 대상수상 MC 임백천 이상아와 함께)

임백천 "제3회 KBS 청소년 창작가요제 대상! (드럼 소리) 여러분 숨을 죽여 주십시오. (관객들의 외침 소리에) 네? 누구요?.... 대상 수상자는... (드럼 소리)... 참가번호 16번 서울 대표 윤영아! 오선지에 그리는 슬픔! 축하합니다!"

내 생애 몸무게가 가장 많이 나가던 고등학교 3학년 시절, 이화여대 근처에서 산 갈색 박스 재킷을 입고 대기실에서 무대까지 뛰어나가는 내 모습을 아직도 소셜미디어에서 찾아볼 수 있다. 그땐 몰랐는데 되게 정신없었던 모양이다. 또래 아이들이 하이파이브를 해주며 무대까지 달려나가는 통로에서 축하해 줬고 누군가는 꽃다발까지 줬는데... 난 지금 그때 얼굴들이 하나도 기억나지 않는다.

당대 최고의 하이틴 스타 이상아 님께서 '지금 시상을 못 하고 있어요.'라며 웃으며 말씀하실 정도로 현장에서 축하를 많이 받았는데, 분명 같은 학교 친구들이거나 알고 지내던 또래들이었을 그들이 단 한 명도 기억나지 않는다니... 절대로 나이 탓이 아니다. 난 그때도 내 손에 들려 있던 꽃다발을 누가 준 건지 기억하지 못했다.

임백천 님께서는 내가 상을 받기 위해 달려 나가는 동안 '아마추어답지 않은 면모를 보여줬다'며 나를 칭찬하셨다. 임백천 님이 대상 수상자인 나를 무대 중앙으로 데리고 가신 후 수상 소감을 물으셨다. 대상 수상자로 결정된 후 '해냈다'는 안도감이, 흥분될 상황에서 오히려 날 안정시켰다. 최선을 다해 준비했고 엄마의 말씀대로 무대에서 내가 할 수 있는 모든 것, 연습해 온 모든 걸 쏟아낼 수 있었으니, '해냈다'는 안도감이 주는 여유를 누릴 자격이 내게 있었던 셈이다.

임백천	대상을 받으리라고 생각을 했어요?
윤영아	생각은 안 했지만 욕심은 좀 있었어요.
임백천	노래 부르시는 모습이 노래를 많이 불러 본 거 같은데, 원래 소원이 뭡니까?
윤영아	가수요. 휘트니 휴스턴 같은 가수...
임백천	휘트니 휴스턴 같은 대가수가 되는 거요. 지금 가장 사랑하는 사람의 이름이 떠오른다면?
윤영아	우리 엄마요.
임백천	엄마요. 크~~게 한번 불러볼까요?
윤영아	엄마~~~~

시상대에서 있는 힘껏 엄마를 불렀다. 엄마... 전국에 생방송 되던 가요제에서 대상을 손에 들고 내 멘토요 든든한 후원자였던 엄마에게 감사와 존경과 사랑을 전할 수 있었던 소중한 순간이었다.

지금 봐도 고등학생이 어떻게 저런 여유로 최고 MC와 인터뷰를 할 수 있었는지, 50이 넘은 나이가 된 지금의 내가 열아홉 살의 영아에게 대견하다 말해주고 싶을 정도다. 수상소감 자체가 아니라 평소에 하던 생각을 꾸밈도, 멋져 보이려는 의도도 없이 담백하고 솔직하게 말할 수 있었다는 사실 때문이다. 말을 잘 하는 비결은 '평소에 옳은 생각을 하고, 그 생각을 있는 그대로 말하는' 데에 있다고 생각한다. 생각을 똑바로 하면 꾸밀 필요도, 멋져 보이려고 애쓸 필요도 없다. 열아홉 살의 영아는 그랬던 것 같아 기특하다. 이렇게 나는 프로 가수로서의 첫걸음을 시작했다. 정식 데뷔는 아니었지만 프로가 되기 위해 유리한 발판을 만든 셈이었다.

대학에 입학할 때, 휘트니 휴스턴을 롤 모델로 삼고 연습한 보람을 누릴 수 있었다. 서울예대 실용음악과 실기시험곡으로 휘트니 휴스턴의 앨범, 내 모범생 친구 안정미가 생일 선물로 준 바로 그 2집 앨범 'Whitney'의 타이틀곡, 'I Wanna Dance with Somebody'를 불렀고 나는 합격할 수 있었다. 기억하시는지 그 카세트테이프에 담겨 있던 휘트니 휴스턴의 노래들이 나의 가수 인생에서 많은 인연이 됐다고 했던 얘기... 실기시험은 물론이고 성적에서도 나는 꽤 높은 점수를 받고 대학에 입학했다. 이제서야 말하지만, 작곡가 사무실에 가서 열심히 노래만 했다지만 학교에서의 공부도 바닥을 기지는 않았다. 수업 시간에 열심히 듣고 이해하려는 노력은 했다. 따로 공부할 시간을 노래와 춤 연습에 쏟아부어야 하는데, 난 어차피 공부로 대학 갈 게 아니라는 생각에 수업 시간마저도 소홀히 하는 건 안 되겠다 생각을 했던 것 같다. 불성실을 나 자신에게 용납하지 못하도록 교육하신 엄마에게 감사해야 할 또 한 가지다. 여하튼 뛰어난 성적은 아니었지만, 대학교 입학 면접 때 공부 잘했다는 칭찬은 받을 정도였다. 대학교 입학 면접에서 면접관 교수님은 당시 KBS 관현악단 단장이셨고 색소포니스트로 대한민국 1세대 재즈 뮤지션이었던 정성조 교수님이셨다. 당시 정성조 교수님께서는 고3 때 내 결석일이 43일이라는 기록을 보시고 아무리 뛰어나도 불성실한 사람은 졸업을 못 한다고 따끔하게 지적하셨다. 나는 몸이 약해 어렸을 때부터 결석이 잦았다고 설명드리며, 성실함에 대해 의심치 않아 주셨으면 좋겠다고 차분히 말씀드렸다. 내 얼굴을 가만히 보시던 정성조 교수님께서는 다시 서류를 보시며 "공부 잘했네"라며 칭찬하셨다.

기억하시는지, 지능의 문제가 초등학교 때 구구단에 애먹은 이유가 아니었다고 한 얘기. 내 얘기를 읽으시는 동안 나의 지적 능력에 대해 크게 의심하지 않으셨으면 하는 바람에서 다시 한번 상기 드리니, 이런 말 자꾸 하는 게 좀 처연하게 느껴질지 모르지만, 믿어 주시면 좋겠다. 물론 웃으시라고 한 말이지만, 솔직할 필요도 있어 보인다. 일반적으로 가수나 연예인들이 당시에는 그렇게 이지적인 사람들로 인식되지 않았던 것도 사실 아닌가.

KBS 청소년 창작가요제 대상 수상, 인기 가수의 산실 서울예대 실용음악과 입학으로 나는 가수로 정식 데뷔하는 디딤돌을 단단히 만든 셈이었고, 대학교 1학년 때 드디어 1집 앨범을 발표할 수 있었다. 그리고 나의 대표곡 '미니 데이트'가 매우 빠른 속도로 인기를 얻기 시작했다. '탄탄대로'라고 하던가? 나의 가수로서의 앞날은 약속된 것처럼 보였다. '좋아하는' 노래를 '잘' 하기 위해 노래 말고는 다른 즐거움을 생각하지도 않은 채 청소년기를 보냈고, 그 보상으로 가수가 되겠다는 꿈을 이룬 것이다.

지금처럼 연예 기획사라는 비즈니스가 체계적으로 자리 잡아 가수들을 가르치고 훈련시켜 육성하는 시스템이 없던 시절, 나의 가수 데뷔는 개인의 재능과 노력과 훈련에 의한 성취였다. 사람들은 나에게 '시대를 잘못 타고난 불운의 가수'라며 안타까워하기도 한다. 당시 연예계에 만연했던 저속한 풍토 때문에 내 삶이 어려워지고 견디기 어려운 불행을 겪어야 했으니 시대를 잘못 타고난 건 맞는 얘기일 수 있다. 하지만 실력과 곡이 요즘 나왔어야 더 크게 인정받았을 거란 후한 평가에는 그렇게 안타까움을 느끼거나 속상해하지 않는다. 시대의 트렌드에 맞게 대중의 인기를 얻는 것이 대중가요를 부르는 가수들에게는 숙명과 같은 일 아닐까?

2. 영광으로 가득했던 출발

KBS 청소년 창작가요에서 대상을 받은 후 미니 데이트가 실린 1집 앨범을 발표하기 전부터 나는 이미 방송에 출연하기 시작했다.

당대 최고의 인기를 누리던, 요즘 말로 가장 '잘나가던' 선배 가수분들과 함께 그분들의 노래를 부르고 함께 무대에 서고 TV 음악 프로그램에 출연했다. 데뷔 초부터 방송가에서 붙여진 나의 별명은 한국의 휘트니 휴스턴, 한국의 머라이어 캐리였다고 말씀드린 바 있지만 사실 또 하나의 별명이 있었다. '제2의 패티 김'이라는 별칭이었다. "봄날에는 꽃 안개 아름다운 꿈속에서 처음 그대를 만났네~~" 패티 김 선생님의 '사랑은 안녕히'라는 노래를 불렀고 선생님과 같은 무대에 섰다. 아직 1집 앨범도 내지 못 했던, 신인도 아니었던 가수에게 더 이상의 큰 영광이 있을 수 없었다.

그땐 화장을 어떻게 해야 할지, 무슨 옷을 입어야 할지도 모르던 터라 지금 보면 정말 촌스럽기 짝이 없다. 멋 부리는 것에 관심이 조금도 없이 노래와 춤만 죽어라 연습했으니 뭐 어쩌겠는가 싶긴 하지만, 그래도 누구 가르쳐 주는 사람이 있었으면 좋았겠다 싶은 아쉬움이 있다.

KBS에는 당시 본관과 별관이 있었는데 이 시기에 1991년에 IBC 홀 신관이 개관됐고, 나는 당당히 초대가수로 개관식 무대에 섰다. 이는 상당히 상징적인 의미를 갖는다. 이 역시 매우 파격적인 일이었다. 아직 정식 데뷔곡도 발표하지 않은 가수가 이런 무대에 서는 경우는 나 전과 후에 한 번도 본 적이 없다. 그래서 더 나는 이 영광을 귀하게 여기고 있다. 그 이후로 계속해서 KBS 팝스 오케스트라 공연 무대에도 올랐다. 여기에는 사실 비밀이 좀 숨겨져 있다. 'KBS 청소년 창작가요제'는 예능국이 아니라 KBS 사업부 사업단에서 주최한 대회였다. KBS 사업부 사업단은 TV뿐 아니라 많은 공연과 콘서트를 기획하고 제작했는데, 여기서 주관한 'KBS 청소년 창작가요제'에서 대상을 받은 내가 그 혜택을 톡톡히 누릴 수 있었던 셈이다.

*** 독자님들의 양해를 구하며, 여담으로 살짝 내 자랑을 끼워 넣으려 한다. 당시 신관 IBC 홀 무대에서 입으려고 맞추었던 오픈 숄더의 검은색 드레스는, 그로부터 31년이 지나 '매직 우먼'이라는 신곡의 뮤직비디오 촬영 때도 입었다. 20살에 입었던 드레스를 50이 지난 나이에도 여전히 입을 수 있었다는 건 쉬운 일이 아니다. 30년 넘는 세월 동안 무대에 설 때나 그렇지 못할 때나, 무대에 설 수 있도록 늘 준비되어 있어야 한다는 일념으로 나 자신을 관리해 왔기에 가능한 일이었다고 망설임 없이 말할 수 있다. 자랑이라고 했지만 사실 혹독한 나 자신과의 싸움이었다.

오랜 시간 활약하는 세계적인 운동선수들을 보라. 그들도 나이가 들고 젊을 때의 몸 상태를 영원히 유지할 수 없다. 하지만 그들은 끊임없이 자신을 단련하고 철저하게 관리하며 기량을 유지하려 극기의 삶을 산다. 무대에 서는 가수도 다를 바 없어야 한다고 나는 생각한다. ***

*** KBS 청소년 창작가요제에서 대상을 받으며, 가수로서 분에 넘칠 정도로 멋지고 화려한 출발을 할 수 있도록 나를 인정해 주신 분, 아낌없이 기회를 주신 분, KBS 사업부 사업단의 공석구 선생님... 선생님께 대한 감사함을 저는 늘 마음에 품고 살아갑니다. 선생님의 은혜 잊지 않겠습니다.***

3. 꿈을 향한 순항

한국의 머라이어 캐리, 한국의 휘트니 휴스턴… 방송에서 자주 등장하던 나에 대한 이 수식어들이 나는 좋았다.

휘트니 휴스턴 같은 가수가 되고 싶었던 내가 그렇게 불러달라 부탁한 것도 아닌데 이런 칭찬을 듣게 됐으니 말이다. 가창력을 인정받은 덕에 당시 실력 있는 가수들만 출연할 수 있었던 'KBS 열린 음악회'에 자주 출연 요청을 받았고, 춤과 가창력을 모두 보여줄 수 있는 TV 버라이어티쇼에 거의 매주 빼놓지 않고 출연했다. TV를 켜고 쇼 프로그램이 나오면 반드시 윤영아가 보인다고 할 정도였다.

'KBS 열린 음악회'에의 출연은 사실 가수들에게 좀 특별한 의미가 있다. 우선 가창력이 입증되었음을 뜻한다. 수많은 관객을 앞에 두고 라이브로 노래를 해야 하는 대형 콘서트여서 테크놀로지의 도움을 받아야 들어줄 만한 실력으로는 감당 안 되는 무대이기 때문이다. 기실 '열린 음악회'에 출연하는 가수들 중에 대중적 인기를 끄는 곡을 갖지는 못했지만 '열린 음악회'에는 단골로 출연하는 가수들도 꽤 있었다. 그만큼 '열린 음악회' 출연의 가장 중요한 필수 조건이 바로 '가창력'이었다는 방증이라고 하겠다. 나는 늘 가창력과 퍼포먼스 모두를 'KBS 열린 음악회' 제작진에 의해 인정 받았다.

군인들이 가장 보고 싶어 하는 여자 가수 1위도 윤영이였다. 외모는 그때나 지금이나 크게 내세울 만하다 생각하지 않지만 춤은 잘 췄다. 미국의 팝가수들을 보며 연습한 춤을 무대에서 자유자재로 출 수 있었다. 짜인 안무가 아니라 리듬에 자유롭게 몸을 맡기는 이른바 그루브(groove) 감각이 뛰어났다. 섹시해 보이려는 의도로 만든 안무는 아니었지만 나름 늘씬한 몸매와 비율로 그루브를 타는 자유로운 춤이 젊은 군인들을 매료시켰을 거란 생각이다.

내가 전성기를 누리던 90년대 초 대한민국의 가요계는 '서태지와 아이들'에 의해 점령됐던 시기다.

(MBC 우정의 무대)

'서태지와 아이들'의 '난 알아요'는 대한민국의 모든 가요 순위를 집어삼켰다. 상대적으로 여자 가수들의 입지는 크게 위축됐던 시기이기도 하다. 청순한 미모를 갖춘 박준희(대표곡 눈 감아 봐도), 윤익희(대표곡 사랑 느낌) 등이 등장해 대중의 주목을 받았지만 가요 순위에서는 '서태지와 아이들'을 당해낼 수 없었다. 나 역시 마찬가지였지만 그래도 신인가수로 데뷔곡 '미니 데이트'로 가요 순위 5위에 올랐었다는 사실에 위안을 얻는다. 나를 아끼는 이들은 이 역시 나의 불운이라고 하지만 나는 그렇게 생각하지 않는다. '서태지와 아이들'이라는 대한민국 대중음악계에 한 획을 그은 뮤지션들과 같은 무대에 서고 순위 경쟁에서 선전했다는 사실 자체로도 스스로에게 후한 점수를 주고 싶다.

(KBS 가요톱10)

나의 대표곡 '미니 데이트'의 탄생 배경은 이러하다. '미니 데이트'는 오아시스 레코드사에서 수입한 영화 '늑대' OST에 수록된 곡이다. 원제목은 '미니약회'였는데, 나는 서울패밀리의 여자 싱어가 부르는 이 노래를 듣게 됐다. 오아시스는 당시 지구와 더불어 제일 유명한 레코드 회사였기 때문에 수많은 곡들을 수입하고 있던 터였다. 그중 하나였던 '미니 데이트'는 내 귀를 사로잡았다. 하지만 서울패밀리의 스타일과 전혀 다른 느낌으로 이 곡을 부르고 싶다는 욕심이 생겼다. 당시 R&B 노래를 즐겨 듣고 부단히 연습했던 시절이어서였을까, 나는 '미니 데이트'에 미국의 댄스가수 자넷 잭슨과 폴라 압둘의 느낌을 불어넣어 보고 싶다는 생각을 했다. 미니 데이트는 이미 오아시스레코드사에서 수입한 완곡이었기에 이 노래를 위한 작곡과 편곡 등을 위한 뮤직 디렉터가 따로 없었다. 그 시절은 지금과 여건이 많이 달랐다.

(윤영아 First 1집 앨범)

하지만 곡을 더 세련되고 경쾌하게 만들어 보고 싶었던 나는 액세서리 같은 장식을 좀 보태 보고 싶었다. 주로 라이브 콘서트에서 흥을 돋우기 위해 가수들이 특정 악기나 연주 부분을 강조하며 외치는 걸 보신 적이 있으시리라.

가령 드럼 연주가 솔로로 이루어지는 부분에서 가수가 '드럼'이라고 외치며 큐(cue)를 주는 것 같은 일종의 애드리브(adlib) 말이다. 가수의 이런 외침을 콜아웃(call-out) 또는 큐라고 한다. '미니 데이트'에는 독특하게 피아노 독주 부분이 있는데 나는 여기에 '피아노'라는 콜아웃을 집어 넣어 보기로 했다.

'미니 데이트'가 늘 라이브 콘서트 같은 생동감을 갖게 할 수 있을 거란 생각에서였다. 그리고 바로 다음 부분에서 데이트의 설렘과 행복감을 표현하기 위해 '하하하' 하는 밝은 웃음소리도 조금 섹시하게 들리도록 추가했다. 이 애드리브는 후에 클라이맥스처럼 '미니 데이트'를 대표하는 파트가 됐다. 팬들은 거의 대부분 '미니 데이트'를 흥얼거릴 때, '그대와 나의... 피아노... 미니 데이트... 하하하' 부분을 따라서 불렀다. 이 부분 덕에 '미니 데이트'라는 노래가 팬들에게 더 경쾌한 느낌으로 어필했을 거라 생각한다.

평소에 팝가수들의 노래를 듣고 뮤직비디오를 보며 그들이 어떻게 노래를 부르고 어떤 퍼포먼스를 하는지 나는 부단히 관찰하고 연구했다. 그래서인지 새 곡을 받거나 또 무대에서 노래를 부를 때, 노래를 잘 하는 데에 머물지 않고 퍼포먼스 전체의 조화와 완성을 생각하는 습관이 생겼다. 덕분에 '미니 데이트'의 시그니처가 만들어지

(윤영아 미니 데이트 리메이크 앨범LP)

고 대중에게 어필할 수 있는 노래와 퍼포먼스를 완성할 수 있었다. 처음부터 순전히 나의 고민과 연구에서 비롯된 아이디어가 곡을 히트시키는 데 결정적인 역할을 했다는 사실은 가수로서 또 뮤지션으로서 자랑스럽게 여기는 부분이다. '미니 데이트'는 미국 뉴 잭 스윙(New Jack Swing)의 R&B 느낌과 일본에서 유행했던 시티 팝 같은 느낌을 준다 하여 음악평론가들로부터 시대를 앞서간 곡으로 평가받기도 했다. 아직도 내가 부른 '미니 데이트'가 대한민국 시티팝의 원조로 평가되고 있는 이유이기도 하다. 나의 대표곡이 된, 그리고 나를 지금까지 가수로 존재하게 해 준 '미니 데이트'가 히트곡이 되기까지 절대로 빼놓을 수 없는 인물이 있다. 잊을 수 없는 은인, 오아시스레코드사의 백미영 과장님이다. 내가 이 세상을 사는 동안 잊고 싶지 않은 고마운 분이다. KBS 청소년 창작가요제의 곡들이 오아시스레코드사에서 음반으로 발매됐고, 이 가요제에서 대상을 받은 나는 오아시스 레코드사로부터 바로 스카우트 제의를 받았다. 당시 음반사로는 '오아시스', '지구', '서울음반'이 대표적이었다. 오아시스 레코드사의 손진석 사장님은 '오아시스를 대표할 만한 가수'라며 나를 인정해 주셨고, 회사를 방문하는 손님들께 늘 나를 자랑하셨다. 이때 나의 음악 활동을 관리해 주신 분이 백미영 과장님이셨다.

(91년 21살 윤영아와 백미영과장님)

당시 백미영 과장님을 세상 물정 모르던 나는 격의 없이 백언니라 불렀다. 백언니는 당시 마돈나, 마이클 잭슨, 시카고 등 빌보드차트에 나온 노래를 소개하고 소식을 전해주는 라이선스 관련 업무를 담당하셨다. 백언니는 음악적인 트렌드를 잘 알고 있어서 내 첫 앨범의 타이틀곡을 '미니 데이트'를 하고 싶다던 나의 의견을 이견 없이 바로 승낙해 주셨다. 백언니는 주로 팝송 라이선스를 담당하는 중요한 직책이었기에, 당시 손진석 사장님은 언니가 가수나 곡의 홍보 업무를 하는 걸 그다지 원치 않으셨던 것 같다. 담당하는 업무 만으로도 중책이었기 때문에 외부를 대상으로 분주히 움직여야 하는 홍보 일까지 중요한 직원이 하게 되는 걸 원치 않으셨던 것이다. 하지만 그럼에도 백미영 과장님, 나의 백언니는 방송국들을 모두 다니며 '미니 데이트'를 열심히 홍보해 주셨고 그덕에 청취율이 높은 '배철수의 음악캠프'에 초대가수로 출연도 하고 '강석 김혜영의 싱글벙글 쇼' 등 인기 라디오 프로그램에서 내 곡이 자주 전파를 탈 수 있었다. 얼마 전 고인이 되신 송대관 선생님... 나는 어릴 때 회사에서 송대관 선생님을 만났기 때문에 늘 그분을 아저씨라 불렀다. 내가 철이 없어도 한참 없었던 건 분명해 보인다. 그래도 송대관 선생님과 회사의 직원분들은 나를 너그럽게 예뻐해 주셨다. 대한민국 트로트를 대표하시던 송대관 선생님도 백언니의 덕을 많이 보셨다. '4박자', '정 때문에' 등도 백언니의 적극적인 홍보로 빠른 시간 안에 히트곡들로 부상할 수 있었다.

(2010년 백언니 고양시 시의원 출마 송대관 가수님과 함께 의리로 도와드렸을 때)

엄마는 '네가 살아있는 한, 백언니 은혜는 늘 잊지 말고 살아라' 누누이 당부하셨다. 백언니는 후에 고양시에서 시의원으로 출마하셨다. 정치에는 전혀 관심도, 아는 것도 없었던 나는 의리 하나로 언니의 선거 유세를 도왔다. 송대관 선생님도 열심히 도우셨다. 우린 큰 트럭 같은 유세차를 타고 백미영을 외쳐댔다. 아쉽게도 언니는 당선되지 못했지만, 나와 백언니는 서로가 서로를 열심히 돕던 그때를 지금도 소중히 기억한다. 나중에 내가 신앙을 갖게 됐을 때 이때를 기억해 냈다. 사람과 사람도 이렇게 의리 하나로 부끄럼 없이 길거리에서 홍보하는데, 내가 만난, 나의 인생을 바꾼 예수를 전하지 않는다는 것이 왠지 모순된다 생각을 하게 된 적이 있다. 하나님을 만난 후의 내 삶은 이 책의 뒷부분에 털어놓기로 한다.

'미니 데이트'가 히트되면서 나는 가수로서 세상에 알려지게 됐고 부와 인기를 누리게 됐다. '부와 인기'... 그렇다 나도 이걸 누려봤다. 방송국에서는 나를 필요로 했고 사람들은 나의 퍼포먼스에 열광했다. 방송을 통해 얻은 인기는 행사나 콘서트 등 라이브 무대를 통한 수익과 직결된다고 보면 된다. 실제로 가수들은 인기는 방송을 통해 얻고 수익의 큰 부분은 행사나 밤무대에서 얻는다고 봐도 큰 무리가 없다. 나 역시 다르지 않았다. 내가 버는 모든 돈은 엄마가 관리하셨다. 그리고 그건 현명한 일이었다. 내가 버는 돈을 어머니는 조금도 낭비하지 않으셨고 철저하게 관리하셨다. 그런 걸 해본 적 없는 내가 직접 돈을 관리했다면 아마 어느 통장에 얼마나 들어가는 지조차 몰랐을 거다.

나는 용돈을 받아 친구도 만나고 옷을 살 일이 있으면 가격만큼 받아서 썼다. 나는 그때나 지금이나 값비싼 유명 브랜드, 특히 명품이라고 하는 옷이나 액세서리에는 별로 관심을 가져 본 적이 없다. 무대에 설 때 예뻐 보이고 노래의 컨셉에 맞는 옷이나 액세서리는 시장에서 오히려 더 마음에 드는 것들을 발견할 수 있다. 검소해야 한다는 건전한 의도가 아니라, 내가 별로 관심이나 필요가 없다고 느껴 검소가 절로 실천된 케이스라고 해야 하나? 이 또한 엄마의 실용주의적 사고가 내게 유전된 결과라고 해야 할 것이다.

4. 세상에 알려진 스타들의
　　세상이 듣지 못한 이야기들

이제부터 독자 여러분께서 흥미를 가지실 얘기를 좀 해 볼까 한다. 지금부터 하는 얘기들은 모두 나의 기억 그대로다.

나 자신이 스타라는 말을 듣던 시절 나는 당대 최고의 가수들과 수많은 무대에 섰고 함께 노래를 불렀다. 나도 인기 있고 팬들의 환호를 받던 때였지만, 내 눈에 비친 당대 가수들은 여전히 내게 스타들이었고 선망의 대상이었으며 늘 큰 가르침을 주는 존재들이었다. 바로 그분들에 대한 얘기를 해드리고자 한다.

패티 김 선생님과 같은 무대에 선 것을 시작으로 신인 가수로서 활동을 시작한 나는 이후 기라성 같은 가수분들과 함께 무대에 서고 TV 쇼에 출연하게 됐다. 그때 나는 당대 대한민국 가요계를 이끌어 가던 최고의 가수분들 그리고 MC라고 불리는 프로그램 진행자들과 아주 가까운 거리에서 가수 데뷔 직후부터 활동을 해 나갔다. 이 중에는 무대 뒤의 모습에 대해 전혀 상반된 오해를 대중에게 받던 분들도 상당수 있다. 그분들에 관한 오해를 풀어드릴 만한 위치가 여전히 안되는 나지만 적어도 이 책을 읽으시는 분들께는 진실을 말씀드리고 싶다.

다정했던 너무나 다정했던 원미연, 신효범 두 선배님 그리고 트로트의 두 라이벌

제일 먼저 원미연, 신효범 두 분에 대해서다. 이 두 선배님의 얘기를 가장 먼저 꺼내는 이유는 내가 아는 실제의 인물과 바깥에서의 소문이 너무나도 다른 가장 대표적인 두 인물이어서다. 두 분 모두 '가요계 군기반장'이라고 소문이 나는 바람에, 까다롭고 후배들에게 다정하지 않은 이미지로 알려진 것 같아 오해를 바로잡고 싶은 마음이 든다.

'이별여행'이라는 곡을 히트시켰던 독특한 음색의 원미연 선배님은 방송국 화장실에서 처음 만났다. "아 윤영아 씨구나? 어쩜 그렇게 노래를 잘 해요?" 하시며 먼저 말을 걸어주신 원미연 선배님은 거울을 보며 이리저리 화장을 해보려고 애쓰던 내게 화장하는 법을 자상하게 가르쳐 주셨다. 기억하시는지 화장하는 법도 의상 고르는 요령도 모르던 내가 패티 김 선생님과의 무대에서 촌스러움의 극치를 보여주는 흑역사를 남겼던 사실...

원미연 선배님은 방송 카메라를 위해서 볼 터치는 어떻게 하는 게 좋은지, 눈 화장은 어떻게 해야 어색하지 않고 예쁘게 나오는지를 자상하게 가르쳐 주셨다. 사람들이 얘기하는 '군기반장'과는 사뭇 거리가 먼 분이셨다. '난 널 사랑해'를 부른 신효범 선배님 또한 같은 오아시스 레코드사 소속이어서 날 아주 특별히 다정하게 대해 주셨다. 같은 소속사여서 만은 아니었던 듯싶다. 언제나 세심한 배려의 마음이 물씬 느껴지게 하는 분이셨다.

　　무대 뒤의 대기실이 뭔가 싸늘한 느낌이 들게 했던 것도 사실이다. 당시 트로트 가수로 '얄미운 사람', '몰래 한 사랑' 등을 히트시켰던 김지애 선배님과 '비 내리는 영동교', '쌍쌍파티 메들리' 등으로 트로트계의 대세였던 주현미 선배님이 같은 대기실에서 공연이나 방송을 준비할 때, 눈에 보이지는 않지만 팽팽한 긴장감이 느껴졌다. 나 같은 새카만 후배 신인 가수는 숨도 크게 쉬지 못할 것 같은 긴장감이었다. 하지만 노골적인 견제나 반목은 없었다. 어느 분야에나 라이벌은 있고 그들 간의 경쟁심 또한 있듯이 두 사람에 의해 조성되는 묘한 긴장감도 같은 맥락으로 이해되어야 할 것이다. 한마디로 라이벌보다 더 잘 하기 위한 비장함이 빚어내는 긴장감이지 견제나 질시 때문에 비롯되는 '험악함'은 아니라는 뜻이다. 실제로 이 같은 경쟁심은 각자의 노래에 발전적으로 작용할 수 있다는 점에서 '건강한 긴장감'이라고 표현해도 무방할 듯싶다. 다만 공연을 준비하는 과정에서 민감하게 자신의 무대에 집중하는 두 쟁쟁한 선배들 사이에서 나 같은 후배들은, 누구도 강요하지 않는데 스스로가 숨 막히는 적막을 느낄 수밖에 없었던 것뿐이다.

눈을 뗄 수 없었던 건강한 섹시미 김혜수

　MC들 중에 기억나는 분 중에는 지금까지 대한민국을 대표하는 영화배우로 활동 중이신 김혜수 님이 너무나 뚜렷한 섹시미로 내게 기억되고 있다. '토요일 토요일은 즐거워'(약어로 토토즐이라 불린 가요 프로그램, 이하 토토즐)라는 당대 큰 인기를 끌던 TV 쇼 프로그램이 있었다. 최민수, 김혜수 두 분이 이 쇼의 진행자였고 나는 그때 아주 가까이에서 김혜수 배우님의 미모를 목격할 수 있었다. 당시 이상아, 하희라, 김혜수 등이 대표적인 하이틴 스타였는데, 이 중 김혜수 님은 이후 중견 배우로 성장해 지금 대한민국을 대표하는 여배우가 됐다.

(MBC 토요일 토요일은 즐거워 스쿠버 다이빙 컨셉 사진)

김혜수 님을 처음 만나게 해준 나의 첫 출연 '토토즐'은 '바닷속 이야기'의 컨셉으로 꾸며졌다. 나는 남대문 스쿠버 다이빙 상점에서 몸에 딱 맞는 노란색 스쿠버 다이버 옷을 맞춰 입었고 김혜수 님은 인어공주 컨셉의 의상을 입으셨다. 의상 때문에 원래 글래머러스한 몸매로 유명한 김혜수 님의 몸매가 더 두드러져 보였다. 여자가 봐도 감탄이 절로 나오는 섹시함이었다. 민망한 얘기가 될지 모르겠다만, 김혜수 배우님과 같은 자리에 나란히 앉게 됐을 때, 난 그녀의 얼굴이 아닌 허벅지에서 눈을 뗄 수 없었다. 흑인 단거리 육상 선수들에게서나 볼 수 있을 법한 허벅지였다. 그녀의 매력은 건강미였고 내 눈에 들어온 그녀의 허벅지는 부럽기 짝이 없는 섹시함이었다.

노력과 노력과 노력으로 탄생한 대한민국 최고의 가창력 김연우

내가 가까이서 알고 지낸 유명인이나 연예인들을 얘기할 때 절대 빼놓을 수 없는 사람이 김연우다. '노력하는 가수'가 누구인지 질문을 받는다면 난 한 치의 망설임 없이 가장 먼저 김연우를 꼽고 싶다. 본명이 김학철인 김연우는 나보다 나이는 좀 많았지만, 91년도에 서울예전 실용음악과에 같이 입학한 동기생이다. 나는 나보다 나이가 많은 김연우를 오빠라고 불렀다. 그래서 별 거부감이 없으시다면 양해를 구하며, 여기서도 오빠라는 호칭을 사용하려 한다. 가수 김연우에 대한 나의 기억을 풀어 놓는 데 있어 내가 늘 그를 부르던 호칭이 편하게 느껴질 것 같아서다.

학교에 입학하고 김연우 오빠는 특별히 눈에 띄지도 않고 연예인 티도 안 나는 그냥 평범한 대학생이었다. 김연우 오빠는 내 3집 앨범에 수록된, '영혼을 위한 메시지'라는 노래에 코러스로 참여했다. 내가 김연우 오빠를 코러스로 부른 이유는 그가 하모니에 너무나 어울리는 예쁜 목소리를 지니고 있을 뿐 아니라 범접 못할 성실함과 책임감을 갖춘 사람이라는 걸 잘 알고 있었기 때문이었다.

훗날 김연우 오빠는 '나는 가수다'(나가수), '복면가왕', '불후의 명곡' 등에서 가창력으로 대한민국을 대표하는 가수들 중에서도 최고의 평가를 받을 정도로 실력이 일취월장했다. 학창 시절 내가 기억하는 김연우 오빠는 마이클 볼튼, 리처드 막스 등 당시 팝가수들의 노래를 끊임없이 연습하던 모습으로 기억된다. 학교 연주실에 들어가면 늘 예외 없이 김연우 오빠가 연습을 하고 있었다. 나는 단언한다. 김연우라는 대한민국 최고의 가창력을 갖춘 가수의 성공은 단연코 노력과 노력과 노력에 의한 결실이었다고. 이런 김연우 오빠를 다시 만난 건, 10여 년 전 서울예대 실용음악과 교수님의 장례식에서였다. 우린 여느 장례식장에서처럼 육개장에 눌린 고기와 찬들을 먹으며 이런저런 이야기를 나눴다. 내가 놀란 건 그가 그때 했던 말이다.

"난 아직도 무대가 너무 공포스러워. 너(윤영아)의 그 타고난 끼가 부러워"

난 연우 오빠의 이 말에 아주 많이 놀랐었다. 그렇게 끊임없는 노력으로 대한민국에서 노래 잘 한다는 가수들 중에서도 누구에게나 최고로 인정받는 가수가 되어서도, 이제는 힘 안 들이고 대충 노래해도 김연우는 김연우일 것 같은 위치에 선 사람이, 여전히 무대에 대한 공포와 위압감을 느낀다니... 아직도 극복해야 할 과제에 대해 고민하고 있다니... 성실함과 노력의 대명사처럼 내게 뚜렷이 각인된 김연우의 노래에 대한 진심과 열정이 여전히 현재 진행형이라는 사실을 알게 되었을 때, 나는 새삼 내 동기생 김연우 오빠에 대한 존경을 느꼈고 또다시 나를 일깨우는 기회를 갖게 됐다.

당대 최고의 댄스 가수, 눈부시게 황홀했던 디바 김완선

중, 고등학교 다닐 때 학교에서 장기자랑할 기회가 있으면 빼놓지 않던 레퍼토리 중 하나가 '김완선 흉내 내기'였다.

"나 오늘 오늘 밤은 어둠이 무서워요 무심한 밤새 소리 구슬피 들려~"

내가 중2 때 혜성처럼 등장한 김완선은 완벽한 몸매에 서구적인 마스크, 파도가 넘실거리는 듯한 웨이브로 내 눈에 뭐라 표현할 수 없는 황홀 그 자체였다. 까만 눈동자를 약간 위로 치켜떠서 흰자위를 더 보이게 하고, 노래할 때 끝을 살짝 밀어 올리듯 콧소리를 내던 그녀의 노래를 나는 기가 막히게 흉내 내 아이들의 환호를 받았다.

머리로 시작해 목, 가슴, 배, 허리, 다리 그리고 쫙 펴진 팔과 손가락으로 이어지는 웨이브 동작까지 김완선의 율동을 재현해 낼 때면 운동장의 학생들은 물론 선생님들까지 열광적인 환호를 보냈다.

TV에 나오는 김완선 이상의 인기를 적어도 학교 내에서는 내가 누릴 수 있었다. 그렇게 좋아하며 따라 했던 김완선 님과 내가 같은 무대에 서게 될 것이라고는 그때 상상조차 할 수 없었다. 가수로 데뷔하고 방송국의 부름을 자주 받던 중, 어느 날 김완선 님과 같이 노래를 하라는 연락을 KBS 방송국으로부터 받았다. 영화 'Footloose'의 OST로 보니 타일러가 부른 'Holding Out for a Hero'를 부르라는 것. 당시 '토요 대행진'은 MBC의 '토요일 토요일은 즐거워'와 더불어 KBS의 간판 쇼 프로그램이었다.

방송 전 리허설도 잘 마치고 모든 준비가 됐다고 생각했는데, 김완선 님과의 무대가 너무나도 설렜던 내가 너무 들떠 있어서였는지, 막상 큐가 들어오고 카메라가 돌 때는 어느 파트를 나눴는지 새카맣게 잊고 말았다. 그래도 어느 부분이 비는 실수보다는 꽉 채워 부르는 게 낫겠다 싶어 내 부분을 구분하지 않고 불렀다. 보니 타일러의 허스키한 보이스와 카리스마를 감안하여 나는 시원하게 샤우팅 하는 창법으로 노래를 불렀고 정해 놓은 안무가 아닌 느낌이 시키는 대로 그루브를 타며 퍼포먼스를 이어갔다. 30년이 지난 지금도 이 영상은 소셜미디어에서 돌아다닌다. 이 무대는 동경의 대상이던 김완선 님과의 첫 무대여서 기억에 남는다. 비록 실수가 있었지만 노래와 퍼포먼스 모두에서 나쁘지 않았다고 자평한다.

군통령은 괴로워, 뽀빠이 이상용

서태지와 아이들의 신드롬 속에도 군인들에게 윤영아의 인기는 단연 독보적이었다는 얘기 기억하시는지. 요즘처럼 '군통령'이라는 명칭이 그때 있었다면 나는 그 명칭으로 불렸어야 마땅할 만큼 군인들이 가장 보고 싶어 한 여자 가수였다. 당시 경쾌하고 세련된 뉴 잭 스윙의 '미니 데이트'는 나라를 위해 국방의 의무를 다하고 있던 군인 아저씨들에게 큰 위로가 됐던 듯싶다. 그리고 자유롭게 그루브를 타는 나의 춤과 퍼포먼스는 남자들만 있는 군대에서 청량제가 됐으리라. 그 덕분으로 난 '우정의 무대'와 '국군방송'에 단골 초대가수가 될 수 있었다. 국군방송은 방송용과 비방용(현장에서만 볼 수 있고 방송은 될 수 없는)이 존재했었다.

당시 사회는 뽀빠이 이상용 아저씨였다. 작은 키에 다부진 체구의 뽀빠이 이상용 아저씨의 카리스마는 군인들까지도 압도할 만했다. 이상용 아저씨보다도 훨씬 키가 큰 젊은 군인들도 이상용 아저씨의 입담에 기를 펴지 못할 정도였다. 문제는 비방용에서 쏟아 놓는 이상용 아저씨의 농담들이었다. 입에 담기조차 어려운 19금 이야기가 대다수였다. 초대가수로 온 스물 갓 넘은 여자 가수가 그 수많은 장정들 사이에서 그런 야하다 못해 노골적인 성적 농담을 듣고 있기란 참으로 곤혹스러운 일이었다. 지금 같으면 상상도 못 할 일 아닌가 싶다. 하기야 그땐 영화관이나 고속버스에서도 담배를 피우던 시절이었으니… 이처럼 갓 스무 살의 여자 가수였던 나는 군인들에게 인기가 많을수록 난감한 상황을 더 많이 겪어야 했다. 군통령이 되기란 결코 쉬운 일이 아니었다.

상냥, 친절, 겸손했던 미스코리아의 덕, 고현정

미스코리아 출신 고현정은 통통한 볼살에 동그랗고 선한 이미지로 딱 맏며느리감이라는 느낌을 받았다. 젊은 사람들은 말할 것도 없고 나이 드신 분들에게까지 폭넓은 사랑을 받았던 그녀는 토요 대행진의 진행을 맡고 있었다. 고현정은 늘 엄마가 따라다니셨던 거로 기억한다. 나처럼 말이다. 그녀의 차는 하얀색 소나타였다. 당시 연예인들이 타는 차를 기준으로 하면 그랜저급 이상을 타도 전혀 어색하지 않을 인기를 누리던 고현정이었다. 당시 K라는 가수가 내 차를 보더니 차를 바꾸라고 했다. 내 차는 당시 고현정과 같은 모델이었다. 그런데도 가수 K는 내 차를 보고 연예인 같아 보이지 않는다고 했다. 난 예나 지금이나 차에 대해 단 한 번도 욕심을 가져 본 적이 없다. 차는 고장 없이 일하는데 잘 타고 다닐 수 있으면 되는 거라 생각해 왔다. 더군다나 차가 누군가의 신분을 보여주는 상징으로 여겨지는 사회적 관념에도 솔직히 동의 못 하겠다. 최근 1년 동안 여러 차례 미국에 공연을 하러 가서 미국인들의 사고에 고개를 끄덕인 부분 중 하나도 그거다. 좋은 차, 비싼 차를 탄다고 신분이나 부를 보여준다는 생각을 미국인들은 잘 하지 않는 것 같았다. 미국에서 내 공연을 코디네이트 해 준 분은 매우 성공한 한국인 동포셨는데 그분의 차는 이른바 럭셔리 브랜드가 아닌 차종이었다.

　행사도 많고 여러 클럽들을 다니며 노래를 했기 때문에 내 차에는 늘 백댄서들까지 동승했다. 그래서 너무 작은 차는 불편했고 그래서 그나마 중형차를 탔을 뿐, 그런 이유가 아니었다면 나는 장담컨대 당시 서민들의 타는 차로 인식되던 소형차 티코를 골랐을 것이다. 고현정은 이미 톱스타가 되어있었는데도 고급차, 비싼 차로 허세를 부리지 않았던 사람이다. 게다가 고현정은 항상 상냥하고 친절하고 잘 웃는 사람이었다. 허세라고는 찾아볼 수 없었던 그리고 항상 예의 바르던 고현정은 미스코리아의 자격에 너무나도 적합한 진정한 미인이었다.

신성우 vs 이덕진, 과연 테리우스는?

　천호동에 있는 워커힐 호텔에서 '눈 감아봐도'의 박준희 그리고 '내일을 향해'를 부른 신성우와 함께 인터뷰를 가진 적이 있다. '떠오르는 샛별'을 컨셉으로 모 스포츠신문사가 기획한 인터뷰였다. 연예계에서는 깜찍하고 귀여운 외모의 박준희와 나를 라이벌 구도로 만들려고 했다. 다분히 기획적인 마케팅이었다. 화제가 되고 그것이 인기에 도움이 된다면 나쁠 게 없다고 생각했다. 하지만 박준희와 윤영아의 스타일은 너무도 극명한 차이가 있어서 대중들은 우리 둘을 라이벌로 받아들이지 않는 듯했다. 한마디로 성공하지 못한 마케

팅이었다.

신성우의 등장은 인기 만화 '들장미 소녀 캔디'에 나오는 테리우스가 가요계에 나타났다며 큰 이슈가 됐다. 나도 여자인지라 나름 기대를 갖고 인터뷰 자리에 나갔다. 박준희는 원래부터 알고 지내던 터라 예쁜 가수라는 걸 잘 알고 있었고, 신성우의 실물은 얼마나 멋있으려나 하는 기대가 있었던 게 사실이다. 하지만 그를 본 순간...(신성우 님의 팬들에게 양해를 구하며) 솔직히 내 기대에 크게 못 미쳐서 실망을 했다. 그는 말 수가 무척 적었고 헤비메탈 그룹의 액세서리들을 잔뜩 하고 있었다. 목걸이, 반지, 팔찌 등등... 멋있지 않아서라기 보다 너무 과하다는 느낌 때문에 실망을 했던 것 같다. 액세서리 많이 한 남자를 그다지 좋아하지 않는 지극히 개인적인 취향 때문일 수도 있겠다. TV에서 보이는 이미지와 실제는 상당한 차이가 있을 수 있다. 어떤 연예인은 실물이 더 낫기도 하고 또 누군가는 TV에 나올 때 더 예쁘고 멋있어 보이는 경우가 있다. 나는... 실물이 더 낫다는 얘기를 자주 듣는다. 믿거나 말거나다... 사실 솔직히 말하면 나는 TV 화면에 나올 때나 무대에서 노래할 때 키가 실제보다 더 커 보인다. 그렇지만 화면으로 볼 때보다 실제로는 얼굴이 많이 작다. 그러니 뭐 딱히 불평할 일도 없다.

신성우는 시간이 한참 흘러 1998년에 뮤지컬 '드라큘라'의 초연에서 주인공을 맡았고, 나 또한 같은 뮤지컬에 캐스팅된 적이 있다. 하지만 난 이 뮤지컬에서 중도 하차했다. 초창기에 연습에 참가했었는데 연출은 연습 때 옷을 어떻게 입고 나오라는 둥 작품과 상관없는 말도 안 되는 요구를 했고, 나는 연출이 원하는 이미지가 아니라면 그만두겠다고 통보했다. 결국 신성우와 호흡을 맞춰 보기도 전에, 무대에 올라가 보지도 못한 채 뮤지컬 '드라큘라'를 그만두게 되어, 신성우 주연의 뮤지컬 첫 공연이 올라갈 때 마음이 편치 않았던 것도 사실이다.

'내가 아는 한 가지'를 부른 이덕진과의 인연도 인터뷰 때문이었다. 역시 모 스포츠신문사와의 인터뷰가 홍대 근처에서 있었다. 가늘고 긴 다리, 오똑한 코, 핏기 없이 뽀얀 우유 빛깔 얼굴, 손대면 베일 것 같이 날렵한 턱선, 목까지 내려오는 멋스러운 긴 머리, 가늘고 고운 손가락까지… 영락없이 '들장미 소녀 캔디'에 나오는 '테리우스' 그 자체였다. 로커들의 당시 컨셉이 그랬는지 아니면 신성우나 이덕진이 원래 말 수 적은 사람들이었는지 모르겠지만, 이덕진도 도통 말을 안 했던 탓에, 친절하고 다정한 사람을 선호하는 나는 제아무리 들장미 소녀 캔디의 테리우스라 하더라도 '가까이 하기엔 너무 먼 당신'이었던 이덕진이다.

얌전한 새댁의 이미지, 이지연

'그 이유가 내겐 아픔이었네'를 부르며 가요계의 요정으로 떠올랐던 고등학생 가수 이지연… 그녀를 처음 만난 건 종암동 마가렛 호텔의 나이트클럽이었다. 나나 그녀나 춤추고 놀기 위해서가 아니라 노래를 하기 위해 간 나이트클럽에서 처음 대면하게 된 것이다. 나이트클럽, 이른바 '밤무대'라는 곳에서 처음 노래를 한 곳이 바로 종암동의 마가렛 호텔과 마포 가든 호텔의 나이트클럽이었다. 가수로서의 내 삶에 굴곡이 생기기 시작된 시기와 일치하는 이맘때의 얘기는 후에 드리기로 하겠다.

종암동 마가렛 호텔에서 내 무대를 기다리고 있을 때였다. 얌전하게 생긴 젊은 새댁이 연예인 대기실로 사용하는 소파에 앉는 것이 아닌가. 난 왜 이 사람이 여기 앉을까 의문이 들었다. 얼마 후 클럽에 상주하는 하우스 DJ가 와서 가수 이지연 씨라고 소개하는 것이 아닌가. DJ의 소개가 없었다면 난 그녀가 이지연이라는 사실을 우리 두 사람의 무대가 끝날 때까지 몰랐을 거다. 내가 알고 있는 청초하고 여리여리한 이미지의 이지연이 아닌, 그저 어디서 봤음직한 고운 새댁 같은 이미지의 그런 평범한 아가씨가 내 옆에 있었기 때문이다. "흔들어 주세요"라는 CF 카피로 유명한 탄산음료 '써니텐'을 기억하시는지. '써니텐'의 광고모델로 미국의 10대 가수 티파니는 비틀즈가 부른 'I saw her standing there'를 'I saw him standing there'로 개사해 부르며 크게 히트를 쳤고, 당시 나는 그 노래를 얼마나 좋아했던지 그다지 좋아하지 않던 '써니텐'을 마시기 시작했을 정도였다. 당시 '써니텐' CF 모델은 티파니로 시작해 이지연으로 자연스럽게 바뀌었고 그래서 '써니텐'과 가수 이지연은 나에게 매력적이고 상큼한 이미지로 각인됐었다. 그래서인지, 그녀와의 이 첫 만남은 내게 또렷하게 기억되고 있다.

배우인가 코미디언인가? 아름답고 다정했던 MC 김혜영

    내 음반을 발매한 오아시스 레코드사의 손진석 사장님은 라디오 방송 '싱글벙글 쇼'에 '미니 데이트' 노래가 많이 나오는 걸 유난히 좋아하셨다. '싱글벙글 쇼'는 음악, 콩트, 청취자 사연 등 다채로운 내용으로 구성되어 청취자들에게 가장 인기 있는 라디오 프로그램이었다. 그래서 택시나 버스를 타면 거의 늘 이 프로그램을 들을 수 있을 정도였다. 이 프로그램을 진행하는 코미디언 강석, 김혜영 님의 재치는 프로그램을 단 한순간도 지루할 틈 없이 끌어갈 만큼 돋보였다.

    이 프로그램에 출연하면서 나는 김혜영 님을 만나게 됐다. 코미디언 중 누가 제일 예쁘냐고 묻는다면 난 서슴지 않고 김혜영 님을 꼽았다. 손목이 유난히도 가늘어서 연예인들은 거의 먹지도 않나 보다 생각이 들 정도였다. -그렇다 나는 내가 연예인 또는 유명인이라 전혀 생각하지 않고 살았다.- 너무나 날씬하고 예뻐서 코미디언보다는 탤런트에 가깝다고 생각했었다. 이 만남 이후 30년이 지나, 'KBS 김혜영과 함께'라는 라디오 방송에서 그녀를 다시 만났다. 나를 정확히 기억하시며 진심으로 반겨 주셨고 따뜻하게 응원해 주셨다. 참으로 감사했다. 화장기 하나 없는 얼굴에 여유롭게 미소 짓는 모습이 참 아름다웠다. 나이가 들면서도 더 아름다워지는 모습을 보며 나도 저렇게 되고 싶다 생각하게 하신 분, 방송인 김혜영 님은 내게 그런 분이다.

세련된 음악의 모델, '사랑과 평화', '빛과 소금'

'한동안 뜸했었지', '뭐라고 딱 꼬집어 얘기할 수 없어요'... 제목부터 특이한 이 노래들을 기억하시는지. 지금까지도 전설처럼 전해지는 그룹 '사랑과 평화'의 노래들이다. '사랑과 평화'의 노래를 직접 접하게 된 인연은 KBS 청소년 창작가요제의 담당 PD셨던 공석구 선생님 덕이었다. KBS 청소년 창작 가요제는 예능국이 아닌 사업부 사업단이 주최하는 행사였다. 당시 공석구 PD 선생님은 본선에 진출하기 전부터 나를 주시하고 계셨고, 대상을 받고 본격적으로 활동을 시작하면서부터는 내가 좋은 뮤지션으로 거듭나길 진심으로 바라며 도움을 주셨던 분이다. 공 선생님은 우리 학교 선배님이신 유주희 선배님의 공연을 보여주시기 위해 공연장에 나를 데려가셨다. 그 공연은 다름 아닌 '사랑과 평화', '빛과 소금'의 공연이었다. 지금 들어도 너무나 세련된 곡들로 우리 대중음악의 수준을 한층 높여 놓은 뮤지션들이셨다. 이분들에게 감명받고 영감을 얻은 나는 고현정, 장윤정이 진행했던 '토요 대행진'에서 봄 노래로 뭘 부르겠냐는 질문을 받고 망설임 없이 "사랑과 평화의 '장미'요."라고 대답했다. 방송국에서 협찬해 준 빨간색 원피스를 입고 내가 부른 '장미'는 당시 상당히 호평을 받았고, 수십 년이 지난 지금까지도 소셜미디어에서 쉽게 찾아볼 수 있을 정도로 유명한 공연이 됐다. 공석구 PD 선생님 덕에 본 '빛과 소금', '사랑과 평화'의 세련된 멜로디와 리듬이 내게는 무척이나 팝스럽게 느껴졌고, 이후 나의 곡 해석에 많은 영향을 주게 되었다.

'재즈카페'와 N.E.X.T 그리고 전설이 된 마왕, 신해철

1990년대에는 신세대라 불리는 10대 후반, 20대에게, 여성 잡지가 사회문화를 반영하는 중요한 매체였다. '여성동아', '여성중앙', '마리끌레르', '보그 코리아', '하이틴', '포토뮤직' 등이 그 대표적인 잡지였다. 그중 '포토뮤직'은 대중음악과 가요계 소식을 주로 전하며 연예인 사진들을 많이 실었다. 나는 스포츠신문에서 다루는 연예계 인터뷰 다음으로 '포토뮤직'에 자주 실렸다. '포토뮤직'은 잡지에만 머무르지 않고 팬과 뮤지션을 이어주는 플랫폼으로 기능하며 '포토뮤직 콘서트'라는 라이브 공연을 개최하기도 했다. 내가 고(故) 신해철 씨를 만난 건 바로 포토뮤직 콘서트에서다. 고(故) 신해철 씨는 당시 '재즈카페'라는 노래를 히트 시키며 큰 인기를 모으고 있던 스타였다. 당시 여름에 야외무대에서 열린 콘서트에 수많은 관객이 모였고, 나는 언제나처럼 열심히 그리고 열정적으로 무대에서 노래를 마쳤다. 바로 다음 순서로 무대를 마친 고(故) 신해철 씨는 상당히 격앙된 어조로 나를 칭찬했다. 그는 KBS 청소년 창작가요제에서 내가 대상을 받을 때 초대가수로 노래했던 인연도 있었다. '재즈카페'를 부를 당시는 N.E.X.T가 결성되기 전이었다. 고(故) 신해철 씨는 옆으로 이동하며 다리로 추던 내 춤의 안무에 큰 관심을 보였고 내 가창력과 춤에 대해 극찬을 아끼지 않았다. 이후 내 모교인 서울예대 실용음악과에서 친하게 지내던 임창수 오빠가 신해철 씨가 결성한 N.E.X.T의 기타리스트가 되면서 고(故) 신해철 씨에게 더 친밀감을 느끼게 되었다. 안타깝게도 임창수 오빠도 신해철 씨처럼 지금은 고인이 됐다.

대한민국 가요계의 살아 있는 전설, 가왕 조용필 선생님

고현정, 장윤정이 진행했던 KBS 토요대행진에서 패티 김 선생님의 노래 '사랑은 영원히'를 부르게 된 적이 있다. 신인 가수인 나에게 큰 영광이었다. 이때 여의도 KBS 예능국에서 당시 대한민국 최고의 가수셨던 조용필 선생님을 처음 만났다. 당시 난 백팩(학생들이 배낭처럼 등에 메고 다니던 책가방)을 메고 다녔는데, 그걸 보신 조용필 선생님은 '무슨 가수가 백팩을 메고 다니니?'하시며 다정한 말투로 놀리듯 말씀하셨다. 나는 그때도 무대 밖에서는 그냥 평범한 젊은이의 모습으로 다녔고 학교 다니는 대학생의 차림 그대로 공연장에 가 공연 의상으로 갈아입는 경우가 많았다. 조용필 선생님은 그런 나의 수수함과 순수함을 좋게 보신 듯했다. 가수가 백팩을 메고 다닌다며 어린아이 놀리듯 말씀하셨지만, 그 안에 한참 어린 후배 가수인 나를 기특하게 여기신다는 걸 충분히 느낄 수 있었다. 선생님께 나는 이렇게 대답했다.

"저 아직 학생이에요"

그러자 대한민국 가요계의 살아있는 전설, 가왕 조용필 선생님께서는 "그래. 보기 좋다. 열심히 해봐!" 하시며 격려하셨다. 나는 그때 조용필 선생님의 온화한 표정이 너무나도 또렷이 기억난다. 최고 스타의 품격과 인품이 느껴지는 순간이었다.

5. 평범하고 평화로운 일상이 행복하던 시절

사실 난 먹는 걸 굉장히 좋아한다. 무대에 서야 하는 직업의 특성상 몸매를 철저히 관리하려 엄청 노력하고 있지만, 먹는 즐거움을 포기하기란 쉽지 않다. 나를 매료시킨 맛들이 있는데 결코 거창하거나 고급스럽지 않다.

마포구 공덕동에 살 때 다니던 공덕 유치원에서 '베지밀'이라는 음료를 처음 마셔봤다. 선생님이 예쁜 아이만 그네를 태워줘서 유치원을 중퇴하긴 했지만 난 그때 간식으로 나왔던 '베지밀'의 맛을 잊을 수가 없다. 베이지와 크림색이 혼합된 포근한 느낌의 유리병에 담긴, 우유도 아닌 것이 콩국도 아닌 것이, 단맛도 아닌데 고소하다는 표현도 뭔가 딱히 어울리지 않는 희한한 맛이 나의 혀를 매료시켰다.

처음 본 맛인데 왠지 초원의 집에 나오는 푸른 언덕 위에서 갓 짠 우유 맛이 꼭 이럴 거 같다는 생각이 들게 한 이국적인 맛이었다. 이처럼 맛있는 게 세상에 또 있을까 놀랐던 기억이 생생하다. 내가 이 얘기를 하면 나랑 친한 사람들은 잘 이해하지 못하는 것 같다. 나는

다 자라서 가수로 활동할 때도 베지밀을 자주 마셨다. 나를 매료시 킨 또 하나가 '요플레'다. 초등학교 3학년쯤이었나 동네에서 어떤 아이가 조그마한 숟가락으로 무엇을 퍼먹고 있는 것이 아닌가. 딸기가 그려져 있는 작은 플라스틱 통을 들고 그 아이는 쩝쩝거리며 처음 보는 그걸 너무도 맛있게 먹고 있었다. 나는 너무도 그 맛이 궁금해서 엄마를 졸랐고 그게 뭔지 몰랐던 엄마도 '도대체 뭘 보고 먹고 싶다는 거니' 하시며 나를 데리고 가게로 가셨고, 내가 '이거!'하며 집어 든 '요플레'를 사 주셨다.

'세상에, 세상에, 이렇게 맛있는 게 있다니…'

눈이 휘둥그레지면서 정신이 번쩍 들었다. 유치원 때 먹었던 베지밀 이후 처음으로 맛보는 신비한 맛이었다. 내가 가수로서 전성기를 보내던 시절까지 난 요플레와 이런 류의 요구르트를 즐겨 먹었다. 어린 시절부터 꿈꾸던 가수가 되고 인기를 얻고 대한민국 정상급 가수의 대열에 들게 되었을 때 내가 가장 행복하게 여기던 것이 바로 이런 일상이었다. 이젠 내가 버는 돈을 엄마에게 드리고 더 당당하게 용돈을 탈 수 있게 됐다. 그러니 이젠 베지밀도 요플레도 여러 개 사서 냉장고에 채워 넣고 먹을 수 있게 된 여유가 생겼다. 엄마는 이때도 늘 친구처럼 나와 마주 앉아 요플레를 같이 드셨다. 수다도 떨고 농담에 깔깔거리며 말이다.

이 시기에 나는 운동에 열중했다. 운동중독이라고 해도 지나치지 않을 만큼 하루라도 루틴처럼 운동을 하지 않으면 뭔지 모르게 초조하고 불안하게 느껴질 정도였다. 김광석의 '서른 즈음'이라는 노래를 아시는지. 내가 20대에 서른 살이 된다는 건 엄청나게 나이가 드는 것처럼 느껴졌더랬다. 행사나 클럽에서는 스물 갓 넘은 어린 가수들이 밀려 들어왔고, 이제 곧 서른 줄에 접어들 것이라는 위기감이 나를 초조하게 만들었다. 내가 이 자리에서 버틸 수 있으려면 저 어린 여가수들처럼 건강하고 매력적인 모습을 유지해야 한다고 생각했다. 스물네 살 때부터 헬스를 본격적으로 시작했는데, 그 당시 나는 한치의 군살도 허용할 수 없다는 생각으로 운동에 열중했다. 주로 웨이트 트레이닝과 수영으로 내 몸을 단련했다. 거의 병적인 수준이었다. 일요일이면 헬스클럽이 문을 닫는다. 당시 서울 은평구에 살던 난 수소문해서 열려있는 헬스클럽, 수영장을 반드시 찾아 단 하루도 거르지 않고 운동을 했다.

(코엑스 유밀레 공화국 자선콘서트)

당시 사람들은 헬스클럽, 수영장에서 날 '은평의 미스코리아', '운동선수'라고 불렀다. 난 그 별명들이 싫지 않았다. 내가 운동을 하는 건 건강을 지키기 위해서라기보다 무대에서의 내 모습을 나이 들어 보이지 않게 유지해야 한다는 강박관념 때문이었다. 존경하는 가수 윤시내 선생님이 70이 넘은 연세에도 무대에서 자신을 돋보이게 하기 위해 쉬지 않고 몸을 관리하신다는 말씀을 들은 적이 있다. 난 전적으로 그 말에 동의하고 그만큼 프로로서 철저히 자신을 관리하는 모습에 경외심과 존경심을 갖지 않을 수 없다. 직업의 특성상 휴일도 없이 밤늦은 시간까지 일을 해야 했던 나는 헬스로 몸을 지독스러울 정도로 관리하는 것 외에 내가 좋아하는 것들을 짬을 내서라도 하며 살아야겠다고 생각했다. 대학생 때부터 방송과 행사 출연으로 친구들과 점심 한 끼 먹을 틈도 없이 살던 나였지만 일상의 즐거움을 만끽하며 살아보고 싶었다. 활발한 활동으로 내 삶을 즐길 만한 경제적인 여유가 생겼지만, 내가 좋아하고 즐기고 싶었던 일상은 그리 거창하지 않았다. 그때나 지금이나 쇼핑을 하거나 비싼 물건을 사 모으거나 고급 차에 욕심을 부리지 않았다. 경제적 여유가 있어 고급스러운 취미 생활을 즐기는 사람들이 잘못됐다는 뜻은 아니다. 돈의 액수보다 큰 만족과 행복의 가치를 얻을 수 있다면 그리고 경제적으로 여유가 된다면 서민들의 눈에 사치스럽게 보이는 일을 즐기는 것도 행복을 추구하는 그들만의 방법일 수 있겠다는 생각이다. 다만 나는 아주 단순히, 큰돈을 들여야 얻을 수 있는 만족과 행복이 아니어도 얼마든지 좋아하고 즐길 수 있는 것들이 많다고 생각했을 뿐이다. 옳고 그름의 문제가 아니라 호불호의 문제라고 나는 생각한다.

예전엔 영화관도 동시 상영관이 많았고 동네마다 비디오 가게들이 있었다. 나는 당시 운동만큼이나 영화에도 거의 중독이다 싶게 빠져 있었다. 비디오 가게에 즐비하게 놓여있는 영화들 중 내가 안 본 영화가 없을 정도였다. 광화문에서 서대문으로 넘어가는 곳에 씨네큐브라는 영화관은 그때도 있었다. 그곳에서는 제3세계 영화도 많이 상영하곤 했는데, 내가 즐겨 가는 영화관 중 하나였다. 난 주류 영화뿐 아니라 비주류 영화까지도 챙겨보는 영화 마니아였다. 하루에 영화 한, 두 편 보는 걸 무슨 사명이라도 되는 것 마냥 여겼던 것 같다. 늘 새벽 시간까지 일을 했기 때문에 아침 느지막이 일어났다. 그럼 나는 비디오 가게에 가 영화 2개 정도를 골라 가져왔다. 일 나가기 전 영화를 봤다. 비디오 가게를 갈 때는 아침에 일어나 부스스한 모습에 무릎 나온 추리닝 차림이었고, 일을 나갈 때는 무대 화장을 하고 잘 차려입은 상태가 된다. 그리고 일 나가는 길에 비디오 가게에 들러 아침에 빌린 영화를 반납했다. 이런 일상이 반복되던 어느 날 비디오 가게에서 일하던 청년이 내게 물었다.

'자매가 사시나 봐요?'

무슨 말인지 영문을 몰랐던 내가 '아니요. 저 자매 없는데요' 하며 의아해하자 비디오 가게 청년이 이렇게 묻는 게 아닌가.

'그래요? 그럼 아침에 비디오 빌려 가시는 분은 누구세요?'

나는 그제야 그 청년이 왜 그렇게 물었는지 눈치채고 웃음을 참을 수가 없었다. 그 청년은 아침에 부스스한 모습에 무릎 나온 추리닝을 입은 나와 노래를 부르기 위해 화장을 하고 잘 차려입은 나를 다른 여자라고 생각해 왔던 것이다. 나중에 그 비디오 가게의 청년과 친하게 되어 들은 얘긴데, 우리 집에 자매가 사는데 한 여자는 맨날 부스스하고 꾀죄죄한데 다른 여자는 굉장히 예쁘고 섹시하다며 자매가 어떻게 저렇게 정반대냐고 동네에 소문이 났었단다. 이렇듯 내가 가장 경제적으로 여유 있던 시절 나의 즐거움은 소소한 행복으로 가득했다. 내가 경제적으로 여유 있었다 한들 얼마나 부유했겠냐만은, 요플레를 잔뜩 사서 냉장고에 넣고 엄마와 꺼내 먹을 수 있고, 영화관에 가거나 비디오를 빌려 영화를 매일 볼 수 있고, 몸매 관리를 위해 매일 헬스클럽과 수영장을 가는데 부담을 느끼지 않을 정도면, 내게는 너무나 충분한 경제적 여유라고 난 그때나 지금이나 여기고 있다.

하지만 가수로서 인기를 얻고 그에 따른 경제적 여유가 자연스럽다 느껴질 무렵... 내게 주어진 모든 것들이 당연한 게 아니었음을 뼈저리게 깨닫게 되는 시간이 다가오고 있었던 걸 나는 알지 못했다.

6. 가장 사랑하는 사람과의 이별
   그리고 남겨진 나

기억하시는지... 가수 이지연에 대해 내 기억을 얘기했던 부분...

내 삶이 고달파지고 노래가 노동으로 여겨지기 시작했을 무렵이 바로 그 시기였다. 나는 행사나 방송 콘서트에서 노래를 했을 뿐 밤무대라고 불리는 나이트클럽에서는 노래를 하지 않았었다. 가수 이지연을 처음 만났던 이때 나는 나이트클럽에서 처음 노래를 하기 시작했다. 이 역시 엄마와 연관이 있었다. 내가 그야말로 전성기를 보내던 시절 엄마가 내 삶에서 얼마나 절대적인 존재였는지를 잘 보여주는 일화가 있다. 지금 생각하면 창피하기 짝이 없는 경험이지만 민망함을 무릅쓰고 나의 흑역사를 털어놓으려 한다.

SBS에서 기획한 큰 규모의 쇼 프로그램이었는데 이름은 이상하게 기억이 잘 안 난다. 기억하고 싶지 않아서 잊은 건지도 모르겠다. 이 특별 기획 행사에는 외국에서 온 유명한 팀들과 국내 최고의 인기가수들이 출연했고 무용단도 SBS 전속 무용단 뿐 아니라 당시 활발히 활동하던 다른 무용단들까지 총동원되어 무용단 수만 80명이 넘었다. 80여 명의 무용단들은 특별 이벤트로 '차전놀이'를 준비 중이었다. 야외 한강 고수부지에는 수많은 카메라맨들과 스텝들로 가득했고 나는 리허설을 준비하고 있었다. 리허설에서 내 차례가 되어 '춤추는 글라스'라는 노래를 했는데, 갑자기 여자 무용수 한 명이 내게 다가와 귓속말로 무엇인가를 속삭였다. 생리를 한다는 것이다.

나는 너무 놀라 천막 대기실로 도망치듯 달려 내려왔다. 더운 여름날이었고 난 그날 하필이면 하얀 반바지를 입고 있었다. 거기 모인 수많은 남녀 스태프들, 출연자들... 얼마나 많은 사람들이 그 모양을 봤을까... 이 정도면 창피라는 말도 안 어울릴 상황 아닌가. 방송을 펑크 낼 수도 없고 그 수많은 출연자들이 앉아 있는 대기실에 있는 것 자체가 견딜 수 없이 괴로웠다. 정확히 기억하건대, 인기 절정의 그룹 '룰라'가 '날개 잃은 천사'를 부르며 리허설을 하고 있을 때였다. 바로 그 순간 우리 엄마의 쩌렁쩌렁한 목소리가 천막 대기실 안에 울려 퍼졌다.

"못 하는 게 병신이지! 괜찮아!"

너무나 큰 수치심에 주눅이 들어 어떻게 노래를 해야 할지 난감해 하던 나를 위해 엄마는 일부러 모두에게 들리도록 큰 소리로 외치신 거다. 사실 어디선가 인성이 그다지 착하지 못한 가수의 낄낄거리는 비웃음도 보였고 비아냥거리는 말도 들리던 터였다. 연예계와 가요계에, 어디나 그렇듯이, 좋은 사람들만 있었던 건 아니다. 남의 곤란과 수치를 비웃는 과잉 경쟁심과 시기도 연예계에 엄연히 존재했다. 신참에 속하던 나는 창피함에 기가 죽을 수밖에 없는 상황이었다. 하지만 우리 엄마의 쩌렁쩌렁한 한마디에 대기실 안의 낄낄거리던 비웃음 소리도 비아냥거리던 말들도 일순간에 침묵으로 바뀌었다. 딸을 지키기 위한 엄마의 분노가 대기실을 평정한 것이다. 엄마는 재빨리 군청색 바지를 사 오셨고 나는 바지를 갈아입고 아무 일도 없었다는 듯 여느 때처럼 멋지게 방송을 마쳤다. 이렇듯 엄마는 어떠한 상황에서도 날 주눅 들지 않게 지켜주던 나의 든든한 방패였다. 엄마만 곁에 있으면 난 무엇이든 할 수 있을 것 같았다.

그런 엄마와 이별할 시간은 너무나 갑자기 그리고 예고 없이 찾아왔다. 내가 스물네 살 되던 해에 내게 절대적인 존재였던 엄마가 췌장암에 걸리셨다. 병원에서는 고작해야 3개월 밖에 더 사실 수 없을 거라 했다. 실감할 수 없었다. 엄마가 없는 세상과 내 삶을 상상할 수 없었던 나는 엄마에게 죽음이 다가왔다는 사실을, 엄마가 나를 떠난다는 현실을 인정할 수 없었다. 엄마는 모든 항암치료를 거부하셨다. 강원도 정선에 내려가 사람들이 거의 살지 않는 깊은 산속에 들어가 민간요법으로 남대문 시장에서 박으로 만든 바가지를 사다가 쑥뜸으로 자가 치료를 하셨다. 아버지는 당시 중장비 관련 사업을 하고 계셨는데 그 일을 접고 엄마의 요양을 위해 이사하셨다. 내 사랑하는 엄마, 내가 의지하고 기댈 수 있는 유일한 존재였던 내 엄마는 3개월의 시한부 선고를 받은 후로 약 1년 반의 마지막 시간을 이 세상에서 보내셨다. 엄마는 결국 혈관에까지 암이 다 퍼졌는데 돌아가실 때 병원에서는 이렇게 사셨다는 게 놀랍다고 했다. 내 엄마는 정신력으로 버티신 거다. 엄마가 돌아가시고 큰 드럼통에 옷들을 정리했다. 그렇게 늘 당당하고 씩씩한 엄마였는데 쑥뜸으로 구멍이 숭숭 뚫린 누렇게 뜬 면 내의와 시커멓게 연기를 뿜어내는 나일론 옷가지를 보며 견딜 수 없는 슬픔에 나는 울었다. 엄마와 이별한 슬픔, 마음의 공허, 인생의 허무함... 이런 것들로 내 안에서는 분노가 차오르기 시작했다. 난 사춘기 시절에도 사춘기를 모르고 살았다. 엄마는 그래서 누구를 만나든 착한 딸이라며 내 자랑을 많이 하셨는데 나의 멘토, 나의 법, 나의 울타리, 나의 분신 엄마가 내 곁에서 사라진 것이다. 그러고는 걷잡을 수 없는 절망과 좌절의 시기가 시작됐다.

어디 마음 둘 곳이 없었던 나는 일주일에 세 번 절에 가서 불공을 드렸다. 엄마가 없는 자리에 누군가가 필요했기 때문이다. 대웅전에 앉아 번민으로 가득 찬 나 자신을 내려놓으려고 부단히 노력했다. 풍경소리와 절의 고즈넉한 분위기는 잠시나마 나의 마음을 진정시켰지만, 현실 세계로 돌아오면 나의 마음은 다시 우울로 빠져들었다. 경험하지 못한 사람은 믿으려 들지 않겠지만, 나는 이 시기에 귀신을 보기 시작했다. 공포 영화에서 음산한 음향 효과와 함께 등장하는 귀신을 상상한다면 실제 내가 본 귀신을 더 실감하지 못하시리라. 귀신은 사람이 있을 수 있는 곳이 아닌 데서 불쑥 나타난다. 가령 내가 문을 닫고 내 방에 혼자 있는데 문을 열지도 않고 누군가가 내

방에 들어와 있다. 그것도 너무나 현실적인 모습으로... 말을 걸지는 않지만 소리를 낸다. 귀신과 실제로 마주치면 무섭다는 생각이 드는 게 아니라 정신이 혼미해진다. 꿈을 꾸고 있는 건지 깨어있는 건지 모르겠는 몽롱한 혼돈의 상태가 된다. 눈을 감고 무시하려 들면 등 뒤에서 박수를 치기도 하고 누워있을 땐 발밑에서 소리를 내 나를 놀라게 했다. 잠을 잘 수도 없었다. 기껏해야 반 수면의 상태로 있다가 눈을 뜨는 정도다. 늘 선잠 속에 꾸는 꿈속에는 엄마가 거의 매일 등장했다. 깨어 있을 때 엄마가 나타난 적도 있었다. 나중에 든 생각이지만, 내가 꿈과 현실 속에서 본 건 엄마가 아니라 귀신이 엄마의 모습으로 나타났던 것 같다. 나는 이렇듯 영적인 시달림으로 크게 고통받고 있었다.

가수로서의 삶은 물론이고 내 인생 전체가 급격히 무너져가고 있던 걸 나는 알고 있었다. 죽음에 대해 자주 생각했던 것도 이 시기였다. 그런데 그럼에도 불구하고 나는 노래를 계속했다. 사업을 그만두신 아버지와 나머지 가족들을 부양해야 했었으니까... 나는 지금까지 이기적인 마음을 품는 게 참 어려운 일이라고 느끼며 살아왔다. 나 자신만을 생각하고 챙기는 게 나에게는 굉장히 어려운 일이다. 난 누군가를 외면하는 걸 천성적으로 못 하는 사람인 모양이다. 사실 나의 이런 면도 엄마에게서 상속받은 성정이다.

　이 시기에 난 도저히 이기적일 수 없어서 죽을 수조차 없었다. 내 수입이 괜찮다고 여겼는지 아버지를 포함한 나머지 가족들은 나에게 의존하기 시작했다. 엄마의 품 안에서 아무 걱정 없이 살던 나는,

엄마를 떠나보내기 전부터 이미 무거운 짐을 지기 시작했고, 엄마가 떠난 후에는 가족의 생계를 전적으로 책임지는 가장이 되어 있었다. 내 나이 스물여섯 살 때의 일이다.

전보다 돈을 더 많이 벌어야 하는 상황에 놓이게 된 내가 나이트클럽, 즉 밤무대에서 노래를 부르기 시작한 게 바로 이 시기였다. 노래는 더 이상 내가 원하고 꿈꾸던 일이 아니라 생계와 가족의 부양을 위한 생업이 됐다. 서른 살이 훌쩍 넘어갈 때까지 나는 밤낮으로 그야말로 기계처럼 노래를 불러야 했다. 어렸을 적부터 꿈꾸던 가수가 됐는데, 이제는 노래가 너무나 힘들고 괴로운 일이 되어 버린 것이다.

7. 노래로 할 수 있었던 부업,
더 큰 보람을 안겨 준 노래 교실

경제적으로 부담이 커졌던 이 시기에 나는 노래로 할 수 있는 또 다른 일을 시작했다.

스물아홉 살 때부터 노래교실을 시작했고 그 이후로 나는 가르치는 일을 가수 이외의 직업으로 삼으며 살게 되었다. 사람들은 가수가 방송에서 보이지 않으면 활동을 하지 않는 것으로 생각하는데, 가수를 포함한 예술인들은 저마다 자기의 자리에서 운명 같은 예술 활동을 끊임없이 지속해 나가고 있다. 그 일로 유명해지든 그렇지 않든 상관없이...

은평구에서 엄마들을 대상으로 시작한 노래 교실은 후에 엄마의 품같이 따듯한 곳이 되었다. 나는 트로트를 그리 좋아하진 않았지만 대부분의 수강생들 즉 엄마들은 트로트를 선호해서 우리 노래교실은 트로트 70% 발라드, 포크, 댄스곡 30% 정도의 비중으로 강의가 이루어졌다. 여타의 노래교실과는 조금 다르게, 선생의 기호에 맞춰 선정된 장르의 노래들을 수강생들에게 가르쳤다. 우리 노래교실은 노래를 배우고 싶어서도 있겠지만 대부분 가수 윤영아를 좋아해서 오시는 분들이 많았다. 나를 노래 선생이기보다 오히려 딸 같은 마음으로 대해 주셨다. 당시 학교에서 강의 요청이 들어오기도 했지만, 가수로서 밤무대 공연까지 다녀야 했던 바쁜 일정 중에 두 개의 수업을 병행하기란 어려웠다. '대학 강의'라고 하면 대외적으로 뭔가 폼 나는 일이 될 수도 있었지만, 늘 내가 선택한 것은 학교가 아닌 은평구의 노래교실이었다. 노래교실의 회장님과 어머니들로 구성된 회원들은 18년 동안 내게 수업을 받으며 변함없이 나를 극진히 챙겨 주셨고 늘 사랑으로 대해 주셨다. 47살에 노래교실을 그만두고 7년이 지난 지금까지도 나는 여전히 그분들과의 만남을 이어가고 있다.

(노래교실 어머님들과 함께)

노래교실을 시작으로 백화점 문화센터의 보컬 수업, 시에서 운영하는 청소년 음악수업, 대학 강의 등 다양한 방식으로 음악을 가르치는 일을 하게 되었다. 나는 이맘때부터 가르치는 일에 보람을 느끼기 시작했다. 가수로서 노래하는 일이 '예술행위'가 아닌 '육체노동'으로 여겨지기 시작한 무렵이어서 더 그랬는지도 모르겠다. 육체노동도 물론 그 자체로 신성하다. 하지만 '예술행위'를 단순 육체노동처럼 하는 것보다는 생산적이고 '순수한 육체노동'이 더 가치 있게 느껴진다. 가르치는 일은 만남이고 그 만남에는 존중과 애정이 담길 때 진정한 의미가 생긴다. 나는 가르치는 일에서 소중한 만남들을 가졌고 그 만남들은 내게 큰 축복이었다.

이 시기에 기억나는 한 가지를 여담 삼아 얘기하고 싶다. 지금 생각해도 눈물이 찔금 나는 기억이라서... 문화센터는 백화점의 가장 위층 공간에서 운영되고 있었다. 나는 늘 강의를 하러 꼭대기 층까지 올라갈 때 꼭 에스컬레이터가 아닌 엘리베이터를 이용했다. 에스컬레이터를 타고 한 층 한 층 올라갈 때 예쁜 옷 같은 것들이 눈에 들어올까 봐 그랬다. 사고 싶어질까 봐... 내겐 예쁘다고 마음에 든다고 갖고 싶다고 무엇인가를 살 여유가 없었으니까...

백석문화대학에서 실용음악과 교수로 학생들을 가르치게 되었다. 나는 실질적으로 내 학생들이 당장 무대에 설 수 있도록 준비 시킨다는 뚜렷한 생각으로 강의에 임했다. 이론도 '실연'을 위해서 존재한다는 직업 가수로서 나름의 철학이 있었다. 다행히 이런 나의 강의 방식을 대부분의 학생들이 좋아했고 나를 잘 따라주었다. 이

중에 기억나는 제자가 있다. 내 강의를 너무나도 성실하게 듣던 이 제자는 나를 진정으로 좋아하고 스승으로 존경해 줬다. 내가 주전부리를 좋아하는 걸 안 이 친구는 도시락을 싸와서 나를 주기도 했다. '교수님, 강의 끝나고 또 노래하러 가시잖아요.' 하며 직접 만든 샌드위치, 도시락, 빵 등을 챙겨와 내 끼니를 챙겨주었다. 제자로서 선생에 대한 존경과 사랑을 내게 준 이 제자가 졸업하고 우리는 친구처럼 가까워져 여행도 같이 하고 제자와 스승을 넘어선 사이로 지내게 되었다. 나이는 어렸지만 늘 생각이 넓고 의젓했다. 나는 잊지 못한다. 내 아버지가 2023년 5월 돌아가셨을 때, 내가 부탁도 안 했는데 장례식장에 일찌감치 찾아와 이것저것을 도왔던 이 제자를... 내가 가장 사랑하는 제자로 지금까지 내 곁을 지켜준 이 친구와의 만남을 나는 내가 가르치는 일을 하는 중에 얻은 가장 큰 보람으로 여긴다.

(보컬 수업 모습)

8. 더 큰 시련의 기다림 그리고
만남, 만남, 만남

만남 1, 어둠으로 유인하는 자와의 만남

　26살 때부터 이런 삶을 시작해 30대로 접어들자 주변에서 노래의 장르를 좀 바꿔 보는 게 어떻겠냐는 제안이 있었다. 젊은 가수들이 속속 등장하고 있고 이제 나이도 있으니 트로트를 불러보면 어떻겠냐는 권유였다. 간간이 TV에서 트로트를 불러보기도 했고, 29살부터 노래 교실을 해왔던 터라 트로트를 불러도 괜찮겠다 싶어 그 제안을 받아들이기로 했다. 그러던 차에 작사가 L에게 연락이 왔고 그 작사가의 소개로 트로트를 제작한다는 매니저 K를 만났다. 여의도 MBC 방송국 앞이었다. 매니저 K는 이미 곡이 만들어져 있었고 그 노래를 부를 가수를 찾는다고 했다.

　처음엔 자기 집안에서 하는 콩농사며 쌀농사 얘기를 하며 살갑게 나를 대했고, 꽤나 정이 많고 정직한 사람처럼 보이도록 행동했다. 매니저 K의 솔깃한 제안과 나에 대한 호의적인 태도에 나는 경계를 허물고 그와 함께 일을 하기 시작했다. 그와 매니지먼트 계약을 하고 그가 잡는 일들을 해나가기 시작했다. 이 계약이 내게 너무나도 치명적인 결과를 초래할 것이라고는 전혀 예상하지 못하고 말이다. K에게 활동을 관리받기 시작하고 얼마 지나지 않아 그는 본색을 드러내기 시작했다. 금전 문제가 너무나 불투명했고 내가 벌어들인 출연료는 내게 거의 지불되지 않았다. 나는 혹사당하다시피 여러 나이트클럽에서 노래를 했어야 했지만, 받아야 할 돈은 중간에서 사라졌다. 엄마의 암 치료, 사업까지 접으신 아버지와 가족의 생활비로 내가 벌어 모아둔 돈은 바닥나기 시작했고 나는 건달 같은 매니저를 만나 수입이 거의 없이 노래만 기계처럼 부르는 신세로 전락하게 된 것이다.

이때 나는 극심한 스트레스로 정신적인 문제까지 겪게 됐다. 어느 날 경인고속도로를 운전하다가 신경 마비 증상이 왔고 브레이크를 밟기도 어려운 위험에 처한 적이 있다. 어떻게 차를 세웠는지 모르게 간신히 죽음을 면하고, 그 길로 삼성병원 신경정신과에 입원하기에 이르렀다. 입원해 있는 동안에도 매니저 K가 선불을 받고 계약해 놓은 여러 나이트클럽으로부터 출연을 강요 당했다. 매니저는 내가 심각한 신경 이상으로 출연을 할 수 없는 상황인데도 나이트클럽들에서 선불로 받은 출연료를 돌려주지 않았던 것이다. 병원에 있는 나에게 전화를 거는 나이트클럽 관계자들은 다짜고짜 차마 입에 담을 수 없는 욕을 하며 돈을 토해내라고 협박을 했다. 매니저 K는 자기가 챙긴 출연료를 나에게 줬다고 거짓말을 해 왔던 걸 그때 알았다. 나이트클럽 관계자들이 내 사정을 알 바 아니었으리라. 나는 출연료도 받지 못했을 뿐 아니라 성실하게 쌓아 온 가수로서의 신용도 모두 잃고 있었다. 병원에서 내가 들은 살해 협박도 태어나서 처음으로 겪어 본 두려움이었다. 돈을 내놓지 않으면 '쥐도 새도 모르게 죽여 버리겠다'는 험한 말을 내가 언제 들어봤겠는가. 내게 그때 그 이전처럼 금전적인 여유가 있었다면 아마도 그 협박에 돈을 줘버리고 말았을 거다. 억울함을 생각할 겨를도 없이 너무나 무서웠으니까...

그렇다고 내가 K로부터 벗어날 수 있는 상황도 아니었다. 계약 때문이었다. K를 통하지 않고는 10년 동안 가수로서 활동할 수 없다는 조항이 계약서에 포함돼 있었기 때문이다. 매니저 K와의 '만남'은 내 삶에서 거대한 재앙이었고 씻을 수 없는 상처를 남겼다. 엄마의 든든한 날개 아래서 사람을 알아보는 법과 세상 물정을 배우지 못했던 나에게 이 '악마와의 만남'은 끝이 보이지 않는 추락으로 나를 몰아가고 있었다.

만남 2, 빛으로 인도하는 분과의 만남

이 시기에 나는 내 삶 전체를 바꿔놓은 또 하나의 '만남'을 갖는다. '칠갑산'의 작곡가요 수많은 히트곡을 만드신 조운파 선생님과의

'만남'이다. 이때 내 나이는 이미 30대 중반이었다. 조운파 선생님과 처음 만났을 때의 느낌을 한마디로 표현하라면 '황당함'이라는 단어가 너무나 적합할 듯싶다. 곡을 주십사 부탁을 드리러 찾아뵙게 되었는데, 조운파 선생님은 곡에 대해서는 아무런 말씀도 없이 성경 내용을 인용하시며, 우리가 어디서 왔으며 어디로 가는가 인생의 시작과 끝은 무엇인가 등등 너무도 철학적인 말씀을 하셨다. 내가 만났던 다른 작곡가님들과는 달라도 너무 달랐다. 천수경을 모두 외울 정도로 독실한 불교신자였던 나에게 선생님의 말씀이 귀에 들어올 리 만무했다. 하지만 그런 내게도 선생님의 인품과 따뜻한 마음만큼은 고스란히 그리고 매우 분명하게 느껴졌다.

(칠갑산을 지으신 조운파 선생님과 함께)

선생님을 다시 찾았을 때, 이번에는 '내가 기도해 줄게'하시며 내 손을 잡고 기도를 시작하셨는데, 주책없이 눈물이 흘렀다. 이해할 수 없었다. 전혀 슬픈 기분도 아니었고 감상적인 내용의 기도도 아니었는데 내가 왜 눈물을 흘리고 있는지 나 자신도 전혀 이해할 수 없었다. '이게 뭐지? 내가 왜 이러지?' 싶었지만 대수롭지 않게 여기며 지나쳤다. 처음 두 번의 만남 이후 매일매일 언제 곡을 주시려나 선생님의 연락을 기다렸다. 선생님은 그날로부터 하루에 한 번씩 꼭 메시지를 보내셨다. 전화기에서 메신저 알림음이 울리면 내가 무엇을 하고 있건 바로 확인을 했다. 그런데 선생님의 메시지는 신곡이 아닌 성경 말씀들뿐이었다. 처음 몇 번 이러시다 곡을 주시겠거니 생각했는데 선생님은 어제도 오늘도 성경 말씀만을 보내오셨다. 난 골수 불교신자인데… 뭐라 답을 드려야 할지 매번 생각해 내는 것도 고역이었다.

매니저 K로 인한 고통이 매일 나를 괴롭히던 때와 조운파 선생님으로부터의 집요한(?) 성경 말씀 메시지는 때를 같이 한다. 경인 고속도로에서 운전 중 신경 마비 증상을 겪고 병원에 입원했을 때, 나이트클럽 관계자들의 협박과 욕설이 전화로 쏟아지던 그때도 조운파 선생님은 성경 말씀을 보내오셨다. 이것이 '선과 악', '어둠과 빛'의 대결이었다는 걸 알게 되기까지는 그다지 많은 시간이 필요하지 않았다. 이 악몽 같은 혼란의 때에 나의 삶을 완전히 바꿔놓은 조운파 선생님의 메시지가 나에게 도착했다. 내가 병원에 입원해 있던 바로 그때였다.

성경의 하박국 구절이었다. 물론 나는 그때 하박국이 뭔지도 몰랐다. 성경에 한국 사람 이름 같은 부분도 있구나 싶었다.

하박국3장 17-19절

'비록 무화과나무가 무성하지 못하며
포도나무에 열매가 없으며
감람나무에 소출이 없으며
밭에 먹을 것이 없으며
우리에 양이 없으며
외양간에 소가 없을지라도

나는 여호와로 말미암아 즐거워하며
나의 구원의 하나님으로 말미암아 기뻐하리로다
주 여호와는 나의 힘이시라
나의 발을 사슴과 같게 하사
나를 나의 높은 곳으로 다니게 하시리로다'

조운파 선생님은 이 구절을 보내시고는 그 아래 '10번 읽고 묵상하기'라고 적으셨다. 다른 날보다 훨씬 긴 구절인데 그걸 10번 읽고 묵상까지 하라는 숙제까지 주신 것이다. 그런데 이상하게도, 선생님은 내 앞에 안 계셨지만 난 왠지 그 숙제를 해야 할 것만 같았고 또 그렇게 해야겠다는 생각이 들었다. 왜 그렇게 느꼈는지는 지금도 모르겠다. -하나님을 믿게 되고 내가 엄마에게 감사할 일이 하나 더 있는데, 그건 바로 내가 어른 말 잘 듣고 순종하는 교육을 엄마로부터 받았다는 사실이다. 엄마는 그런 날 늘 착한 아이라며 칭찬하셨다.

그렇게 교육된 나여서 나를 대상으로 한 조운파 선생님의 전도는 꽤나 순조로울 수 있었지 않나 생각된다. 하나님께서 당신의 일을 수월하도록 도우신 우리 엄마에게 후한 점수를 주셨으면 좋겠다…

보내주신 하박국 구절을 한 번, 두 번 읽어 나가는데 웬 나무며 밭이며가 그렇게 많이 나오는지 그 뜻을 도통 알 수가 없었다. 그렇게 세 번째, 네 번째 같은 구절을 읽는 중에 갑자기 내 입에서 전혀 의도치 않은, 내가 태어나서 단 한 번도 해보지 않은 말이 터져 나오는 게 아닌가.

"오 하나님!"

있었던 일 그대로를 조금의 꾸밈도 과장도 없이 고백하건대, 나는 이 말을 내 입에서 뱉은 후 너무 놀라 내 입을 손으로 틀어막고 주변을 둘러봤다. 너무도 명료하게 기억나는 그때 상황이다. 관세음보살도 아니고 하나님이라고? 내 입에서 '오 하나님!'이라는 말이 어떻게 나올 수 있지? 단지 조운파 선생님이 하라니까 그저 열 번을 향해 뜻도 모르고 읽어 내려가고 있었을 뿐인데, 도저히 믿기지 않는 일이 내게 일어난 것이다. 바로 그다음 순간 나에게 떠올랐던 생각들이 지금도 명료하게 기억난다.

'하나님을 모르고 사는 것 자체가 죄구나.'

나도 그랬고 하나님을 믿지 않는 이들이 부당하다 여길 이 말이 왜 나의 머릿속에 떠올랐는지 그 원리를 나는 설명하지 못한다. 성경이라고는 단 한 줄도 읽어보지 않았던 내가 어떻게 이런 생각을 했을까? 나중에 나는 내 머리에 갑자기 떠오른 이 생각이 정말 성경에 근거를 둔 얘기라는 걸 알게 되어 더 놀랐지만, 여기서 굳이 신학적인 설명을 보태고 싶지는 않다. 다만 기독교적인 배경이나 성경에 대한 일말의 지식도 없는 내게 누군가가 말하듯이 이런 생각이 떠올랐다는, 과학적으로 또 사람의 생각으로 설명되지 못할 그러나 '분명히 있었던' 사실에만 주목해 주셨으면 한다. 우리가 이해하지 못하지만 분명히 일어나는 현상을 우리는 '신비'라고 말한다. 나도 그 신비를 경험했는지 모른다. 다만 과정이 다르다. 나는 기적이나 신비한 힘에 이끌려 믿음을 강제 당한 게 아니라 '말씀을 통한 깨달음'을 통해 '믿음'을 갖게 됐다고 굳게 확신한다. 하나님을 모르고 살았던 것이 죄라는 생각이 든 직후 나는 끊임없이 회개의 눈물을 흘렸다. 물론 이때 나는 '회개'라는 말을 알지 못했다. 단지 나를 지으신 분을 알지 못했던 사실이 죄송해서 울었다. 나의 '힘'이 되어 주시려는 분, 나의 '발을 사슴과 같이 자유롭게 하셔서 높은 곳을 다니게 해 주시려는' 분... 나를 그토록 사랑하시는 그분은, 당신을 알아보지 못하고 멋대로 아파하고 힘들어하며 살아가는 나를 보며 얼마나 마음이 아프셨을까 생각이 들어서 죄송했을 뿐이다. 교회를 다니면서 그때 내가 흘린 눈물의 의미를 비로소 알게 된 후부터 이를 '회개의 눈물'이라고 말하기 시작했다.

*** '하나님을 모르고 사는 것 자체가 죄'라는 말에 대해 믿지 않은 분들이 부당함을 느낄 필요는 없다. 이는 죄와 징벌에 대한 규정이 아니라 안타까움의 의미를 더 많이 담고 있다고 이해하시면 될 것 같다. ***

만남 3, 어둠 속에서 진정한 빛을 만나다

성경을 통해 하나님이 찾아오시고 당신이 하나님임을 알게 하신 것 자체를 기적이라고 말하는데 나는 조금도 주저하고 싶지 않다. 나는 하나님을 이렇게 만났다. 병원에서 조운파 선생님이 보내주신 하박국 말씀으로 예수를 믿는 기적을 체험하고 나는 퇴원 후 부천으로 이사를 했다. 이사한 첫날 나는 근처의 교회를 찾아 나섰다. 바로 그 시기에 매니저 K와의 법정 싸움이 시작됐다. 작사가 L은 본래 나의 측근이었는데, 그 사이 매니저 K는 나와 작사가 L의 사이를 이간질했고 그 결과 작사가 L은 매니저 K측으로 법정에서 내게 불리한 증언을 하기에 이르렀다. 재판에 증인으로 작사가 L은 매니저 K의 편에서 증인으로 출석하게 됐고, 윤영아의 노래를 매니저 K는 나의 의중도 묻지 않고 다른 여자 가수 P에게 부르게 해 음반을 발매했다.

가수 P는 처음에 매니저 K 얘기만 듣고 윤영아가 아주 나쁜 사람이라고 생각했었다고 한다. 하지만 가수 P 역시 매니저 K의 나쁜 행실에 큰 피해자가 됐다. 내가 한 번도 만나보지 못했던 가수 P는 나의 증인을 자청해 법정에 나오게 됐다. 나의 사람이라 생각했던 작사가 L은 매니저 K의 편에서, 생각지도 못했던 가수 P는 윤영아 편에서 증인이 되어 증언을 하는 예상치 못한 상황이 마치 막장드라마처럼 벌어지게 된 것이다. 매니저 K의 하수인 같았던 로드 매니저는 창문에 내가 머리를 부딪히며 자해를 해 피를 흘렸다는 황당한 거짓 증언까지 해 가며 나를 정신병자로 몰아가기도 했다. 처음에 노래를 들려줬던 작곡가 S도 역시 매니저 K 편에 서서 증언을 했다. 이들 모두 매니저 K에 의해 그야말로 포섭이 된 것이다. 하지만 나는 소송을 시작하고 그 어떤 누구도 내게 유리한 증언을 해달라고 회유하거나 설득하지 않았다. 다만 조용히 기도하고 주님의 말씀에 귀 기울였다. 내가 힘들고 구석에 몰릴수록 사람에게 나의 고충을 털어놓고 날 변명하려 하지 않았다. 온전히 주님의 음성만 듣기 위해 기도하고 또 기도했다. 이 고난의 시기를 거치며 나는 정말 많은 말씀을 받았다. 주님은 말씀으로 나를 인도하셨고, 나는 내가 있는 자리에서 묵묵히 내 판단과 결정을 자제하려 애썼다. 이 과정에서 은혜를 체험하게 됐다. 이 시련의 때, 내 인생을 걸고 생존을 위한 전쟁을 벌이던 위기의 시간에 내가 받은 말씀을 나는 기억한다.

'이 전쟁에는 너희가 싸울 것이 없나니 대열을 이루고 서서 너희와 함께 한 여호와가 구원하는 것을 보라 유다와 예루살렘아 너희는 두려워하지 말며 놀라지 말고 내일 그들을 맞서 나가라
여호와가 너희와 함께 하리라 하셨느니라' (역대하20:17)

유다 왕 여호사밧과 아람의 전쟁에서 하나님이 여호사밧을 이기게 하신 본문이다. 소송을 진행해나가는 동안, 비용을 감당 못한 나는 변호사도 선임하지 못하고 경찰 조서부터 시작해 모든 법적 절차에서 나 혼자 모든 걸 해결해야 했다. 내가 옳은 일을 할 때 그리고 그것이 욕심이 아닌 생존을 위한 일일 때, 하나님의 일 하심은 더욱 분명하게 보인다는 사실을 나는 그때 확인할 수 있었다.

고마운 손길들을 내게 보내주셨다. 나를 '운동선수', '은평의 미스코리아'라고 불렀던 헬스클럽에서 알게 된 지인분께서 내 사연을 들으시고, 회사에서 법률을 담당하시는 분을 소개하셨다. 임강토건이라는 회사에서 근무하시던 윤인상선생님-내 아버지의 성함도 이분과 같았다-을 그렇게 소개받게 되었다. 당시 임강토건은 명동에 본사가 있었고, 난 점심시간을 이용해 내가 쓴 조서를 윤인상선생님께 검토 받는 등 조언을 받으며 소송을 이어갔다.

윤인상선생님도 신실한 믿음의 소유자였고 늘 따뜻하게 나를 격려해 주셨다. 좋은 변호사를 선임해 나와 친했던 지인들까지도 포섭해 자기에게 유리하도록 거짓 증언까지 받아내던 매니저 K에 맞서, 그 많은 조서들을 혼자 쓰고 수많은 증거들을 하나하나 취합해가며 어떻게 소송을 준비하고 싸웠는지 지금 생각해도 믿기지가 않는다. 내가 초인적인 능력을 발휘했다는 생각까지 들 정도도. 이 케이스를 담당한 검사까지도 '이 소송을 이기면 손에 장을 지진다'며 소송을 포기하라고 나를 겁박할 정도로 내게는 절대적으로 불리한 싸움이었다.

살면서 내 의지와 상관없이 험한 꼴을 겪기도 했는데, 그때마다 사람에 대한 상처가 가장 크고 깊게 남았다. 내가 평소에 잘 챙기며 가까운 동료라고 생각했던 사람들에게 배신을 당하면 싸움의 승패와 상관없이 사람에 대한 환멸 같은 게 생겨 나를 괴롭혔다. 하지만 생각지 않았던 귀인이 나타나 나를 돕기도 한다. 나는 그 한 사람 한 사람을 하나님이 보내 주셨다 믿는다. 내게는 천사와 다를 바 없는 은인들이다. 나 역시 나를 필요로 하는 이들에게 그런 사람으로 살고 싶다. 도움이 필요한 이들에게 천사와 같은 존재가 되고 싶다. 중요한 고비마다 하나님은 말씀을 주시고 그 말씀을 가슴 깊이 새기도록 하셨으며 끝내 그 말씀대로 행하셨다. 신앙과 정신력으로 이겨내고는 있었지만 3년이 넘는 소송 기간을 포함해 나는 6년 이상의 시간 동안 노래를 할 수 없었다. 너무나 고통스러운 공백이었고 시련의 세월이었다. 소송은 3년 넘게 진행됐지만, 그전에 이미 매니저와의 분쟁이 시작됐고 노래를 할 수 없는 상황이 계속되고 있었기 때문이다. 10년의 계약 기간 중에는 매니저 K를 통하지 않고 가수로서 일체 다른 활동을 할 수 없다는 조건이 계약서에 들어 있었다. 노래만 해 온 내가 다른 어떤 일을 하며 생활을 이어나가야 할지 하루하루가 막막하기만 했다. 그렇다고 계약을 어기고 위약금을 물어줄 돈도 내겐 없었다. 경제적인 어려움은 나를 매일매일 숨 막히게 했다.

형사재판으로 이어진 이 소송은 나를 더욱더 지치게 했다. 그렇지만 이 죽음 같은 절망의 때에 나는 기도로 재판을 준비하고 나의 하루하루를 하나님께 맡기며 살아냈다. 그렇다. '살아냈다'는 표현이 너무나 적절할 만큼 살아가는 일, 살아 있는 것 자체가 고통이었다. 그런 중에도 어떤 사람에게 나의 억울함을 토로하고 상대방을 증오토록 하며 내게 유리한 말을 해 줄 사람을 만들려 하지 않은 이유는 기도 중에 받게 된 이 말씀의 응답 때문이었다.

'내 사랑하는 자들아 너희가 친히 원수를 갚지 말고
하나님의 진노하심에 맡기라.
기록되었으되,
원수 갚는 것이 내게 있으니 내가 갚으리라고
주께서 말씀하시니라.
네 원수가 주리거든 먹이고 목마르거든 마시게 하라
그리함으로 네가 숯불을 그 머리에 쌓아 놓으리라.
악에게 지지 말고 선으로 악을 이기라.'

(로마서12:19-21)

재판을 앞두고 몇 날 며칠을 기도한 끝에 내게 주신 응답이었고, 나는 선으로 악을 이기는 싸움을 결심하게 된 것이다. 경찰 조서부터 시작해 변호사 없이 준비하는 재판 과정에서 무엇을 어떻게 입증해야 할지 또 무슨 말을 해야 할지 막막해 하며 잔뜩 위축되어 있을 때, 이 성경 말씀이 내 마음을 단단히 붙들어줬다.

'내가 주를 의뢰하고 적군을 향해 달리며
내 하나님을 의지하고 담을 뛰어넘나이다' (시편18:29)

실연을 당했을 때 유행가 가사들이 다 내 얘기 같고 내 마음같이 느껴지는 경험을, 사랑하는 사람과의 이별을 겪어본 사람이라면 한 번쯤 해 보셨으리라. 성경의 인물 다윗이 부당함에 고통받는 시간 속에 원수들에게 자기의 억울함을 호소하며 힘을 달라고, 도와 달라고 외치는 절규가 꼭 내 마음 같았다. 성경 시편의 말씀들은 잔뜩 움츠러든 내 마음에 힘을 불어 넣어줬고 나를 일으켰으며 나는 다시 힘을 내어 소송을 이어갈 수 있었다.

사도 바울은 감옥에 갇혀있는 고난 속에서도 복음 전파에 대한 그의 확고한 마음을 꺾지 않았다. 바울이 그랬던 것처럼, 기획사와의 소송이 길어지면서 내가 어떻게 살아야 할 것인지를 나 자신에게 더 분명하게 각인시킬 수 있었다. 상황에 얽매이지 않고 더 큰 가치를 위해 살아가겠다는 결심, 사명감을 마음속 깊이 새기게 되었다.

'무명한 자 같으나 유명한 자요
죽은 자 같으나 보라 우리가 살아 있고
징계를 받는 자 같으나 죽임을 당하지 아니하고

근심하는 자 같으나 항상 기뻐하고
가난한 자 같으나 많은 사람을 부요하게 하고
아무 것도 없는 자 같으나 모든 것을 가진 자로다'

(고린도후서6:9~10)

까마귀를 통한 보살핌

소송을 하는 동안 무대에 서지 못 하고 재정적으로 너무 힘들던 상황에서 정말 신기하게도 사람들을 통해 나의 필요가 해결되는 경험을 했다.

김치가 떨어지면 느닷없이 지인이 전화해서 김치를 주고, 과일을 좋아하는 내가 과일 살 돈도 변변히 없어 속상할 때, 내가 말도 하지 않았는데 지인이 갑자기 '포도 좋아하지? 좋은 포도가 잔뜩 생겼어.' 하며 가져다주기도 했다. 심지어 살고 있던 집에서 이사를 해야 하는 상황이 됐을 때, 오래 알고 지낸 사이도 아닌 부동산 사장님께서 돈 문제도 해결해 주셨다. 바다가 갈라져야 기적이 아니다. 하나님은 늘 이렇게 우리에게 필요한 것을 먼저 아신다. 이 시기에 내게 놀랍도록 쏟아진 도움의 기적들은 너무나도 많지만 다 기록하지 않겠다. 다만 내게 도움의 손길을 주신 분들께 결코 감사함을 잊지 않겠다는 말로 내 마음을 전한다.

성경에 나오는 이야기다. 이스라엘의 죄로 가뭄과 기근이 찾아올 거라는 하나님의 말씀을 받은 선지자 엘리야는 길르앗을 떠나 그릿 시냇가로 가라는 하나님의 명령에 따르게 되고, 까마귀들을 통한 하나님의 보살핌을 받게 된다.

'그 시냇물을 마시라. 내가 까마귀들에게 명령하여
거기서 너를 먹이게 하리라'

(열왕기상17:4)

성경의 말씀이 그대로 내게 실현된 것이다. 풍족하지는 않을지 모르지만 부족함 없이 채워주셨다. 부족하지 않으면 충분한 것이라 나는 믿는다.

마음을 토해내다

'백성들아 시시로 그를 의지하고 그의 앞에 마음을 토하라
하나님은 우리의 피난처시로다(셀라)' (시편62:8)

난 시시때때로 그분 앞에 나의 심경을 낱낱이 토해냈다. 믿음을 가지려고 노력을 했다기보단 그러지 않고는 내 삶을 견뎌 낼 수 없었기 때문이었다고 하는 편이 솔직한 말일 것이다. 하나님은 내 피난처가 되어 주셨다. 내가 좋아하는 예배는 금요 철야예배였다. 마음껏 기도하고 마음껏 찬양하고 마음껏 울었다. 나의 피난처 되신 예수님께 그렇게 울며불며 매달렸다. 나를 불쌍히 여기시어 당신의 한량없는 은혜를 베풀어 주시길 간절히 기도했다.

로뎀나무 아래에서 쉼과 떡을 주시자 다시 호렙산을 향해 가야

했던 엘리야처럼, 나는 난공불락의 요새, 그분의 산성에서 힘을 얻고 내가 가야 할 목적지를 향하여 지체하지 않고 나의 길을 가겠다고 마음먹었다.

강북삼성병원에서 퇴원하고 얼마 후, 연고도 없는 부천으로 이사를 하게 됐다. 이사하자마자 교회를 다녀야겠다 생각하고 집 근처에서 교회를 찾아 길을 나섰을 때 어떤 꼬마가 지나갔다.

"아줌마가 뭐 좀 물어볼게. 이 근처에 교회가 어디 있는지 아니?"

꼬마는 자기가 지금 교회를 가는 중이라면서 자기를 따라오라고 했다. 그래서 따라간 교회가 부천 서문교회다. 교회에 들어서자마자 앞에서 몇 명이 서서 '교회 노래'를 부르는 게 보였다. 난 '교회 가수'들을 보지 않고 스크린에 보이는 가사에 집중했다. 나는 그 노래들을 찬양이라고 하는지도 몰랐고 그땐 그냥 아… 저게 교회 노래인가 보다 했다. 그 노래를 부르는 저 사람들은 '교회 가수'들이고…

'내가 주인 삼은 모든 것 내려놓고 내 주 되신 주 앞에 나가…' 처음 듣는 노래였는데도 나는 강북삼성병원 입원했을 때 하박국 말씀을 읽었을 때처럼 하염없이 눈물을 흘렸다. 그 찬양을 듣고 스크린의 가사를 보면서 내 인생의 주인은 내가 아닌 하나님인데 내가 나의 주인인 양 잘못 살아온 삶이 후회스러워 하염없이 울었다.

내 안에서 전쟁이 벌어지고 있음을 나는 알았다. 나는 보름 동안

신내림을 받는 것처럼 꿈쩍도 할 수 없을 정도로 온몸이 아팠고 누워 있는 것 말고는 먹을 수도 마실 수도 없었다. 내 안에서 영적인 싸움이 벌어지고 있다는 걸 알고 있었다. 내가 나를 범하고 차지하려 했던 잡신을 모실 것인가 아니면 새롭게 내 안에 들어오신 하나님을 모실 것인가를 결정해야 하는 시간이라는 걸 알 수 있었다. 난 기도에 기도를 거듭했고 하나님을 내 안에 모시겠다고 하나님께 다짐했다. 계속해서 싸워 나갔다. 내 영적인 세계에서 말이다. 교회에 계속 다녀야겠다는 생각이 들었다. 하지만 교회 등록 권유에는 이상하게 응하고 싶지 않았다. 어디에 소속되지 않고 조용히 믿음을 키워나가고 싶었다.

내 의지가 아니었던 방언

조운파 선생님은 서초동 사랑의 교회에 다니셨다. 유명한 옥한흠 목사님이 계실 때였다. 조운파 선생님이 교회에서 '축제'를 하니 오라고 하셨다. 그 주는 사랑의 교회에 가서 옥한흠 목사님의 설교를 들으며 예배를 드렸고 주일에 다시 서문교회에 가서 예배를 드렸는데, 그날따라 교회의 긴 나무 의자에 전철처럼 사람들이 빼곡히 앉게 되어 나도 그 사이에 비집고 앉게 되었다. 그날 예배에는 다른 여자 목사님이 나와서 말씀을 하셨는데, 사실 그리 친근한 외모도 목소리도 아니었다. 여기저기에서 웅성이는 소리가 들려왔다. 여자 목사님의 말씀에 반신반의하는 내용의 술렁임이었다. 하지만 난 그분의 말에 온전한 신뢰 같은 게 생겼다. "방언 못 받으신 분 나오세요." 하는데 나는 그게 무슨 말인지 몰랐다.

'방언? 사투리가 방언 아닌가? 교회에서 말하는 방언은 뭐 다른 뜻이 있나?'

방언이 뭔지는 모르겠는데 왠지 저 앞에 나가면 내 안에 조금이라도 남아있는 잡신들을 모두 물리칠 수 있을 것만 같았다. 나를 괴롭히는 귀신들 말이다. 무릎을 꿇고 기도하듯 두 손을 모으며 내 안의 잡신을 모두 없애달라고 기도를 하고 있는데, 여기저기서 '아다다'하는 괴이하게까지 느껴지는 소리가 들렸다. 눈을 감고 기도를 했었기에 누가 내는 소리인지 확인을 할 수는 없었다. 그러던 중 갑자기 여자 목사님은 무어라 명령을 하시면서 내 이마를 쳤다. 과장 조금도 없이 표현하건대, 내가 갑자기 공중 부양을 하고 바닥에 떨어져 눕게 되었다.

당시 즐겨 입던 외출복은 스커트 차림의 정장이었다. 그날 입은 옷은 투피스였는데 누군가 무릎담요를 가져와서 스커트가 들춰진 하반신을 덮어주었다. 내 입에서는 이상한 그리고 매우 하이톤의 말들이 쏟아졌고, 난 영화 '사랑과 영혼'에서의 패트릭 스웨이즈처럼 영혼이 빠져나온 나의 모습을 교회 천장에서 볼 수 있었다. 이상한 외계어를 하는 나 자신을 또렷하게 내려다보고 있었다. 축복기도 순서가 될 때까지도 나는 그 외계어를 멈출 수가 없었다. 내가 나 자신을 천정에서 내려다보고 있었지만 내 의지로 그 상황을 바꿀 수 없었다. 축복기도가 끝나고 나서 여자 목사님이 내 머리에 손을 얹으시며 안수기도를 해주신 후에야 나는 그 이상한 외계어를 멈출 수가 있었다. 여자 목사님은 내게 무슨 기도를 했냐고 물으셨다. "내 안에 모든 잡신을 없애 주세요." 난 기획사와의 싸움을 이기게 해 달라거나, 가수로써 다시 활동을 할 수 있게 해 달라는 기도가 아닌, 내 안의 모든 잡신을 물리쳐 달라는 기도를 한 것이다. 온전히 새로운 영, 성령 하나님을 모시고 싶었던 것이다. 이 일은 나의 첫 성령 체험이었다.

교회의 등록 권유에도 응하지 않고 조용히 교회를 다니고 싶었던 내가, 고작 서너 번 교회에 나갔을 뿐인데 떠들썩하게 교회 사람들에게 주목을 받게 되고 방언까지 하게 된 것이다.

발신자 '포도나무'

꿈에서 어떤 분이 나를 어디론가 데리고 가셨다. 어떤 큰 화면에 빨간 립스틱을 짙게 칠하고 바라춤을 추고 있는 여인이 보였다. 그 여인의 표정은 무척 매력적이고 요염했다. 가만히 보니 다름 아닌 바로 나 자신이었다. 그분은 다시 나를 높은 계단으로 데려가셨다. 그곳의 꼭대기에는 정자가 있었는데 좌우측으로 '인애', '은혜'라고 쓰여 있었다. 꿈속의 그분은 나의 과거의 모습을 보게 하신 다음 앞으로의 삶이 그렇게 전개돼 나갈 것을 보여 주셨다. 그분은 또 내게 화선지에 쓰인 편지를 보여주셨다. 그 편지에는 궁서체로 '포.도.나.무'라고 '발신자'가 적혀 있었다.

잠에서 깼는데 이 꿈이 예사롭게 느껴지지 않았다. 날 데려가 보게 하시고 편지를 보내신 '포도나무'가 누군지 무척 궁금해졌다. 왠지 하나님과 연관 있는 인물일 것 같았다. 그래서 교회 다니는 분에게 혹시 '포도나무'에 대해 들어봤는지 물었다. 그분은 포도나무는 예수님을 뜻한다고 했다. 나는 그때까지 성경의 포도나무에 대해 들어 본 적도 없고 아는 바도 없었다. 그런 내가 꿈에서 '포도나무'라 자신을 밝힌 발신자로부터 편지를 받은 것이다. 내가 성경의 말씀을 알기도 전에 예수님께서는 꿈에서 내 과거의 모습을 보여주시고 앞으로 내 삶을 인애하고 은혜로 살게 하시겠다는 약속을 하셨다고 난 굳게 믿을 수밖에 없는 사건이었다. 이렇듯 사람의 논리로 설명할 수 없는 '신비'를 나는 다시 한번 경험하게 됐다.

'나는 포도나무요 너희는 가지라
그가 내 안에, 내가 그 안에 거하면
사람이 열매를 많이 맺나니
나를 떠나서는 너희가 아무것도 할 수 없음이라' (요한복음15:5)

나 같은 죄인 살리신 '어메이징 그레이스'

나는 미션스쿨인 명지여고 출신이다. 성경 과목이 엄격히 지켜졌다. 하지만 난 한 번도 성경에 귀를 연적이 없었다. 성경 과목에서 교회의 주보를 가져와야 점수를 받을 수 있었기에 간혹 주보를 받기 위해 교회에 간 적은 있었지만 예배를 드리거나 설교 말씀을 들은 적이 없었다. 그나마 꼼수를 부리기 위해 교회에 들락거린 덕에 유명한 영어 노래 하나는 알게 됐다. '어메이징 그레이스'다. 많은 팝가수들이 불렀기에 나도 이 노래의 영어 가사를 알고는 있었다. 그래서 난 어메이징 그레이스를 '교회 팝송'이라고 불렀다.

간혹 기회가 있을 때 팝송으로서의 어메이징 그레이스를 불렀다. 이 '교회 팝송'은 내게 믿음이 생기면서 완전히 다른 느낌으로 내 안에 울림을 줬던 노래 중 하나다. 찬송가 305장에 있는 '어메이징 그레이스'의 가사를 보며 새삼 느꼈던 감동을 나는 명료하게 기억한다. 내 안에 영안의 세계가 열린 느낌이었다. 그 후로 난 '어메이징 그레이스'를 새롭게 편곡해 음원을 발표했다. 보통은 어메이징 그레이스를 느린 템포로 부르지만, 난 내 안에 기쁨과 감사의 마음을 담아 경쾌하게 표현하고 싶었다. 1절은 영어로 그리고 나머지는 한국말로 4절까지 불렀다. 여기엔 이유가 있다. 예수를 만나기 전 이 노래를 '교회 팝송'으로 부르던 내가 믿음을 가진 지금의 나로 변화된 감사함을 하나님께 고백하고 싶었기 때문이다.

목욕탕의 미친 여자

대중목욕탕을 가본 지도 꽤 오래된 것 같다. 예전에 나이트클럽과 행사로 스케줄이 꽉 차 있을 때는 짬을 내 대중목욕탕에 가서 뜨거운 물에 몸을 담근 채 넋을 놓고 앉아 있는 게 나의 힐링 루틴 중 하나였다. 예수를 믿기 시작하고 대중목욕탕을 찾은 적이 있다. 변화라면 변화겠지만 조금은 민망한 변화였다. 탕 안에 들어가 넋을 놓고 앉아 있는 대신 난 끊임없이 기도를 했다.

어느 날이었다. 너무 기도에 심취해 있었나 보다. 눈을 감고 열심히 기도한 후 눈을 떴는데 탕 안에 사람들이 날 이상한 표정으로 지켜보고 있는 것이 아닌가. 내 몸을 씻듯이 내 안의 더러운 모든 것을 씻어 달라고, 더러운 잡신들을 다 빼내시고 대신 성령을 담아 달라고 기도를 하던 중이었다. 너무도 집중해 기도를 했는지 사람들은 나를 미친 여자라고 여기는 모양이었다. 난 황급히 탕을 나왔다. 사람들에게 해명할 수도 없는 노릇이고... 다음부터는 기도도 자제하며 해야겠다고 생각했다.

그 정도로 나는 언제 어디서나 하나님과 가까이 있으려고 애썼다. 내가 생각하고 추구하고 좋아하는 것들 모두에 이렇듯 변화가 생겼다.

영화배우 숀 펜의 밀크

난 스물네 살 때부터 집안의 가장으로 살아왔기에 일반적인 20대 청춘의 낭만과는 거리가 먼 억척스러운 삶을 살았어야 했고 그래서 속앓이도 많이 겪어야만 했다. 엄마가 모든 걸 질서 있게 꾸려 가셨는데 엄마가 돌아가시고 나서는 집안의 모든 체계가 무너졌기 때문이다. 난 돈 버는 기계가 되어 그저 여기저기 다니며 기계처럼 노래를 해 돈을 벌어야 하는 참담한 삶을 이어갔다.

인생의 무게가 너무 무거워서 였을까. 내게는 여성적인 면보다는 늘 책임감과 단호한 결단 그리고 추진력이 요구됐다. 내 앞에 놓여 있는 각박하고 치열한 삶의 현장은 20대가 누릴 수 있는 로맨스나 연애의 달콤함 따위가 사치로 느껴지게 만들었다. 그러다 보니 성격도 여성적이기보다는 남자처럼 변해갔던 것 같다. 문득 나 자신을 생각할 때 '내가 여자가 맞나?' 하는 생각이 들 정도였다. 겉모습과 목소리는 누가 봐도 여성적인데 생각하는 방식이 무척 남성적이었기 때문이다. 그렇다고 내가 레즈비언이라는 얘긴 결코, 절대로 아니다. 여하튼 그러다 보니 TV에 나오는 트랜스젠더나 동성애를 그다지 혐오스럽게 바라보지 않았다. 그럴 수도 있겠다고 생각했던 것 같다. 이 '숀 팬의 영화 사건'이 있기 전까지는 말이다. 영화 마니아였던 나는 어김없이 새로운 영화를 보기 위해 검색을 했고 연기파 배우 숀 펜이 나오는 '밀크'라는 영화를 보기 위해 티켓을 예매하고 영화관에 가려고 운전을 시작했는데, 마음속에서 어떤 음성이 들리는 것 같은 느낌을 받았다. 마치 누군가가 '너 이 영화 꼭 봐야 하니?' 하고 묻는 것 같았다.

난 이해할 수 없었다. 왜 갑자기 이런 느낌이 들까. 사실 난 영화를 고를 때 예고편을 보지 않는다. 흥미를 잃어버리지 않기 위해서다. 대신 감독이나 배우를 보고 영화를 선택하는 경우가 많다. 여하튼 그 음성이 너무도 강하게 느껴져서 차를 돌려 집으로 왔다. 그리고 검색을 해본 결과 이 '밀크'라는 영화가 '성소수자'에 관한 내용이라는 걸 알게 되었다. 하박국을 통한 기적으로 나를 찾아오신 하나님으로 인해 성경에 몰두하기 시작했을 당시는 매니저와의 분쟁으로 활동을 할 수 없던 시기였다. 활동을 하면 위약금을 물어줘야 했기 때문에 재판의 결과가 나오기 전까지 내가 할 수 있는 일은 하루 종일 성경을 읽는 일뿐이었다. 그전까지 책 읽는 걸 안 좋아했던 내게 이 또한 큰 변화가 아닐 수 없다.

숀 팬의 영화를 보러 가다 차를 돌렸던 그 즈음 나는 성경의 '로마서'를 읽으려던 차였다.

'그러므로 하나님께서 그들을 마음의 정욕대로 더러움에 내버려 두사 그들의 몸을 서로 욕되게 하게 하셨으니... 이 때문에 하나님께서 그들을 부끄러운 욕심에 내버려두셨으니 곧 그들의 여자들도 순리대로 쓸 것을 바꾸어 역리로 쓰며 그와 같이 남자들도 순리대로 여자 쓰기를 버리고 서로 향하여 음욕이 불일 듯하매 남자와 더불어

부끄러운 일을 행하여 그들의 그릇됨에 상당한 보응을 그들 자신이 받았느니라' (로마서 1:24~27)

이 본문을 읽자마자 동성애에 관한 얘기라는 걸 알 수 있었다. 하나님이 무엇을 좋아하시는지, 무엇을 싫어하시는지 알 수 있었다. 난 엄마의 말씀에 순종했던 아이로 자라왔다. 엄마가 좋아하는 일을 하는 게 나의 즐거움이었고 엄마가 웃는 모습이 좋아서 난 엄마를 즐겁게 하는 일을 하고 싶어 했다. 엄마는 나에게 당신을 즐겁게 하는 일을 하도록 강요하신 적이 단 한 번도 없었지만, 내가 세상에서 제일 좋아하고 사랑하는 사람이 나로 인해 즐거워하는 걸 보는 일만큼 행복하고 보람 있는 것도 없다고 생각했던 것 같다.

나는 지금도 그렇다. 어릴 때부터 엄마 즉 좋아하는 사람에게의 순종은 내게 무척 자연스러운 일이었고, 하나님을 믿고 좋아하게 되면서부터는 성경의 말씀이 너무도 자연스럽게 그리고 확고히 내 삶의 기준, 즉 순종의 대상이 된 것이라 여긴다. 로마서의 이 본문을 통해 하나님께서 내게 들려주시고자 하는 말씀을 이해할 수 있었다. 그리고 바로 이때, 그릇됨을 그대로 내버려두는 것이 참된 자유가 아님을 깨달을 수 있었다.

9. 기나긴 소송의 끝

　매니저 K는 나의 앨범 제작에 들어간 투자금이 내 출연료를 통해 전액 회수될 때까지 나에게 출연료를 지급하지 못한다는 논리로 내 숨통을 조이고 있었다. 쉽게 말해서 내가 나이트클럽 등에서 노래해 받는 출연료로 자기가 지출한 투자금을 모두 메울 때까지 출연료를 주지 않겠다는 명분으로, 내가 힘들게 노래해 버는 돈을 중간에서 가로채고 있었던 것이다.

　투자금의 액수는 2억에서 4억으로 또 6억으로 얘기할 때마다 올라갔다. 액수가 이렇게 매번 올라간 이유는 쉽게 짐작할 수 있으시리라. 내가 나이트클럽과 행사 등으로 밤낮없이 노래를 하며 매니저 K에게 벌어다 준 액수가 많았다는 걸 뜻한다. 다시 말해서, 처음에는 2억 원이 투자액이라고 했다가, 내가 벌어다 준 돈이 짧은 시간 안에 2억에 가까워지니 갑자기 투자금이 4억 들었다며 투자금 액수를 터무니없이 불린 것이고, 내가 벌어다 준 돈이 4억에 가까워지자 6억이 들었다며 아무렇지 않게 투자액을 불리는 식이었다. 이런 식이면 나는 매니저 K에게 평생 동안 출연료를 벌어다 줘도 내가 노래해 받아야 할 돈을 받지 못하는 것 아닌가. 인신매매로 매춘업소에 팔려가는 여자들도 이런 식으로 평생 그 세계를 벗어날 수 없게 되는 게 아닐까 싶다. 내가 도대체 어디에 그만한 돈이 들었다는 거냐고 따지면 위조된 영수증을 전화 메시지로 보내왔다. 조작도 좀 성의 있게 하지... 조악하기 짝이 없는 가짜 영수증 따위를 근거로 들이밀었다. 가령 10만 원짜리 무대 의상을 사고 영수증에 0을 두 개 더 보태 천만 원으로 만드는 식이었다. 나는 천만 원짜리 무대 의상을 입어 본 적도 없고 내가 입었던 의상의 가격도 알고 있었다. 더군다나 매니저 K가 잡아오는 일에는 그 정도로 비싼 가격의 의상을 입어야 할 만한 무대도 없었다. 나이트클럽에서 '앙드레 김'이 디자인 한 의상을 입을 일은 없지 않겠는가. 정교하게 서류를 위조하려는 성의조차 보이지 않는, 너무나 뻔하고 허술한 거짓말을 매니저 K는 아무렇지 않게 계속하고 있었던 것이다.

나는 이 메시지들을 모두 수집하고 사진으로 남겼다. 증거가 될 만한 자료들을 꼼꼼하게 모으고 조서 상의 진술에 맞게 정리했다. 증거자료들은 매니저 K의 회사가 악덕 업체라는 사실을 증명하는 데 결정적인 역할을 했고, 가수 P 역시 같은 종류의 피해를 법정에서 증언해 주면서 내게 유리한 증인이 돼 주었다. 여기에 노래교실에서 만난 회장님과 어머니들의 활약도 컸다. 매니저 K는 내가 살기 위해 생업으로 삼고 있던 다른 일들도 철저하게 방해하려 했다. 가수로서 노래를 하지 못하는 상황에서 계약에 위배되지 않는, 가수 활동 밖의 일들을 찾아내, 그와 관련된 분들의 연락처로 그분들께 전화하고 나를 모함했다. 먹고 살 길들을 모두 막아 자신에게 의존하지 않으면 안 되도록 만들기 위해서였을 것이다. 노래교실의 회장님에게도 매니저 K는 수시로 전화해 나를 모함했다. 모함이라고 표현하기에도 부족함이 느껴질 정도의 험담이었다. 저속하기 짝이 없는 민망한 얘기들을 지어내기까지 했다. 회장님과 어머니들은 매니저 K의 모함과 험담을 당연히 믿지 않으셨다. 나와 많은 시간을 함께 보내며 노래교실을 운영해 온 회장님과 어머니들은 매니저 K의 이 모든 모함들이 너무 뻔한 거짓말임을 알고 계셨다.

한번은 노래교실 수업 준비로 한창 분주할 때, 매니저 K에게서 강회장님께 전화가 걸려왔고 회장님은 이를 스피커폰으로 받으셔서 내 수업을 받는 백여 명의 수강생이 통화 내용을 들은 일도 있었다. 내가 없는 사이 벌어진 일이었다. 윤영아에 대한 매니저 K의 치명적인 명예훼손 상황을 수많은 증인들이 목격하게 된 것이다. 매니저 K는 자신의 이런 교활하고 악랄한 악행이 자업자득으로 자신에게 되돌려질 거라 생각하지 못했으리라. 회장님과 노래교실 어머니의 활약은 법정에서 슬프게 눈부셨다. 매니저 K가 윤영아에 대해 얼마나 거짓으로 사회생활에까지도 치명적일 수 있는 명예훼손을 해왔는지, 자신과 노래교실 어머니들이 직접 보고 들은 얘기들을 증거자료까지 제시하며 조목조목 증언해 주셨다. 나는 고마움에 법정에서 눈물을 쏟았다. 다른 어머니들은 법정의 안과 밖에서 늘 응원과 격려로 나에게 힘이 돼 주셨다. 세상에 나를 믿어주는 사람들이 있다는 건 그 자체로 힘이 되고 용기를 갖게 한다. 하나님은 이처럼, 그때그때 내게 필요한 말씀으로 나를 무장시키시고 고마운 분들을 보내시어 나를 위해 증언케 하셨다.

그리고 나는 기나긴 법정 싸움에서 승리했다. 3년이 넘은 소송 기간을 포함해 가수로서 활동하지 못했던 6년 이상의 시간은 참으로 긴 공백이었다. 댄스 가수가 6년 이상 무대에서 또 방송에서 사라져 있다는 건 곧 '잊힘'을 뜻한다. 노래를 다시 한다는 건 신인이 활동을 시작하는 것보다도 더 어려운 일이다. 댄스 가수에게 나이가 든다는 건 적어도 한국에서는 그리고 당시로서는, 심지어 활동을 계속해 온 여자 가수에게도 큰 결함이 되는 현실이었으니까. 이겼지만 너무나 큰 상처를 안긴 '악마와의 싸움'이었다.

매니저 K는 그 이후로도 나를 사기죄로 고소한 적이 있다. 이 얘기는 결과만 말씀드려도 충분히 어이없어 하시리라 여겨진다. 검사 앞에서의 대질심문 내용만 말씀드려도 매니저 K의 고소가 얼마나 터무니 없었는지 쉽게 짐작하실 수 있겠지만, 그래도 대략 내용을 말씀드린다. 빌린 적도 없는 돈을 빌려 갔다며 매니저 K가 나를 사기죄로 고소했다. 이때도 나는 한 뼘 정도되는 분량의 서류를 일주일 간 잠도 못 자며 혼자서 준비해야 했다. 매니저 K가 해댈 거짓 진술을 예상해 모의고사 준비하듯 증명할 서류들을 정리했다.

간혹 이런 사람이 있다. 자기가 한 거짓말을 자기 자신이 진실로 믿는 사람 말이다. 매니저 K는 정확히 그런 사람이었다.

서초동 법원에서 대질 심문이 있었다. 매니저 K는 예상대로 거짓말을 늘어놓기 시작했다. 나는 긴말하지 않고 하나하나 증거 자료를 제시했다. 그때 검사가 매니저 K에게 했던 말이 정확하게 기억난다.

"당신 무고 죄가 얼마나 큰 범죄인지 알아?"

매니저 K는 그때까지 의자를 뒤로 젖히고 건들거리며 심문에 응하다가 갑자기 저자세로 돌변해 이렇게 말했다.

"닭 손질하러 가야 합니다"

닭 손질하러 가야 합니다… 매니저 K의 '어이없는' 이 한마디도 '너무나 어이가 없었기에' 정확히 기억한다. 이 책을 읽고 계신 분들 중에 살면서 이런 사람을 만나 보신 분 계신지 모르겠다.

검사는 나더러 잠깐 나가 있으라고 한 후 조금 있다가 '집에 가셔도 좋습니다.'라고 했다. 매니저 K가 무고 죄 소리에 정신 번쩍 들어 검사에게 잘못을 빌었다는 걸 보지 않고도 알 수 있었다.

*** 사랑하는 강순애 회장님 그리고 노래교실의 어머니들…

　죽음보다 절망적인 시간을 살아내던 때, 노래교실은 제게 현실적으로 또 정신적으로 큰 의지가 됐던 곳이죠. 무엇보다 나를 선생님이라 부르시며 끔찍이 아껴주시던 강회장님과 어머니들을 만나게 해 준 고마운 곳이기도 했죠. 제 엄마가 돌아가시고 기댈 곳도, 삶에 대한 조언을 구할 사람도 없었던 저를 늘 엄마같이, 언니같이 보살펴 주셨던 회장님과 어머니들을 저는 잊지 못할 겁니다.

　제가 믿었던 사람들이 현실적인 이유로 법정에서 저에게 등을 돌렸을 때, 늘 그러셨듯이 제 곁을 든든히 지켜주신 분들… 법정에서의 증언이 결코 쉽지 않은, 두려움에 선뜻 나서지 못할 일이었을 텐데, 저를 위해 용감하게 증언해 주신 회장님과 어머니들께 저는 이 세상에 사는 동안 고마움 잊지 않을 거예요.

　지금까지도 늘 가까이서 절 돌봐주시고 챙겨주시는 회장님 그리고 노래교실 어머니들 사랑하고 존경해요.

　우리 더 자주 만나서 수다도 떨고 맛있는 것도 같이 먹어요. ***

10. 뮤지컬 오디션에서 찬양을 부르다

비록 상처와 흉터는 가득했지만 기나긴 법정 공방에서 승리한 후, 나는 가수로서 다시 일어서기 위해 이를 악물었다. 내 능력이 안 돼 경력을 끝내는 한이 있더라도 이렇게 무기력하게 스스로 무너질 수는 없다고 생각했다.

수요예배에는 부목사님들이 돌아가며 말씀을 전하신다. 말씀 시간 전에 찬양을 주로 부르는데 피아노 반주자가 몇 주째 결석이다. 목사님은 반주도 없이 무반주에 강대상을 두드리며 찬양을 인도하셨다. 음악이 직업이어서 그런지 이 상황이 내게는 매우 민감하게 받아들여졌다. 내 안에서 뭔지 모를 정의감 같은 게 차올랐고 누가 시키지도 부탁하지도 않았는데 난 무조건 그랜드피아노의 뚜껑을 열고 의자에 앉았다. 사실 학창 시절 이후로 피아노를 거의 친 적이 없었고, 무엇보다도 수요예배 찬양 시간은 무슨 곡을 부를 것이라는 예고 없이 목사님의 입에서 떨어지는 찬양을 즉석에서 연주해야 했다. 도대체 무슨 배짱으로 일을 저지른 건지 지금도 이해가 안 되지만, 나는 '에라 모르겠다'식의 마음으로 반주를 시작했다. 목사님이 288장을 찬양 올리자고 말씀하셨고, 나는 바로 악보를 찾아냈다. 288장의 찬양곡은 '예수를 나의 구주 삼고'였다. 다행히도 내가 참 좋아해 온 찬양곡이었다.

(세종문화회관 대극장에서 뮤지컬 드림헤어 Revolution)

새로워진 나의 시야, 내 심령에 들려오는 소리를 들을 수 있게 하는 찬양이라고 여겼고, 세상의 거친 풍랑 속에서도 주 안에서 기쁨을 느낄 수 있게 하는, 지금의 내 마음을 고스란히 전달해 주는 고백과도 같은 찬양이었기 때문에 나는 이 찬양을 무척 좋아했다.

나는 이 찬양곡을 세종문화회관에서 공연한 뮤지컬 '드림헤어'의 오디션에서 불렀다. 나 전과 후로 찬양곡을 뮤지컬 오디션에서 부른 사람은 없지 싶다. 나는 그만큼 어떤 기회에서도 찬양을 부르고 싶었다. 세종문화회관에서 공연된 대형 뮤지컬 '드림헤어'는 내가 소송에서 이기고 처음으로 출연한 작품이어서 더욱 기억에 남는다. 뮤지컬 오디션에서 '감히' 찬양곡을 불러 합격한 일화가 나 자신에게 시사하는 바가 있다.

가수로 활동하기 위해 온갖 치욕과 수난을 겪으며 싸움을 벌였지만 그 험난하고 기억조차 하고 싶지 않은 과정에서 내 삶의 중심이 바뀌어 있었다는 사실이다.

인기나 돈이 아닌 하나님으로 말이다. 오랜 시간 갈망하던 가수로서의 활동을 재개할 수 있는 기회가 왔을 때 내 안에는 하나님이 제시하시는 길을 가야 한다는 열망이 자리하게 되었고 세상적으로 재기를 위해 중요한 시험대가 될 뮤지컬 오디션에서도 나는 나의 찬양을 하나님께 올리고 싶었던 것이다.

11. 찬양, 그 놀라운 위력

엄마가 돌아가시고 슬픔과 상실감에 휩싸여 귀신에게 괴롭힘을 당하기도 하고 정신적인 문제도 겪으며 매우 혼란스러운 시기를 보내고 있을 때였다. 하루에 잠을 두세 시간 이상 잔 적이 없었다. 신경정신과에서 처방받은 약을 복용했고 그래서인지 저혈압 수치도 높아서 건강 상태가 무척 안 좋아졌다.

그러던 중 교회를 다니면서 예수 이름의 능력을 알게 됐다. 이후 난 나를 두렵게 하고 혼란스럽게 하는 귀신들에게 명령하고 호통을 쳤다.

"예수의 이름으로 명하노니 귀신은 떠나갈지어다."

예전에 엄마가 동지팥죽을 쑤어 주시면서 그 팥죽이 귀신을 내쫓는다고 말씀하셨던 기억이 있다. 천수경을 다 외웠던 나는 천수경 중 '옴 마니 반메훔'이란 법구가 있는데 무서울 때, 악몽을 꿨을 때 '옴 마니 반메훔'이란 법구를 계속 읊으라는 얘기를 들은 적이 있다. 하지만 내겐 동지팥죽이 아무 소용 없었다. 그리고 수도 없이 읊었던, 불자 여러분께 양해를 구하며, 반메훔이라는 법구도 나를 괴롭히던 귀신을 물리치는데 전혀 도움이 되지 않았다. 하나님을 믿게 되면서, 예수의 보혈, 우리를 위해 흘리신 보배로운 예수님의 피를 귀신이 끔찍이 무서워한다는 걸 알게 되었다. 영적으로 감당 못 할 만큼 힘이 들었을 때 또 귀신들이 시도 때도 없이 날 괴롭힐 때 '옴마니 반메훔' 법구도 동지팥죽도 내게 그 어떤 평안을 주지 못 했지만, 예수님의 보혈은 힘이 있었다. 두려움이 엄습할 때 "예수의 이름으로 명하노니 귀신은 물러갈지어다." 하고 호통을 치면 정말 놀랍게도 두려움이 완전히 사라졌다.

나는 보혈 찬양을 자주 불렀다. 나를 너무나도 힘들게 했던 영적 괴로움과 두려움을 겪는 과정에서 나는 보혈 찬양을 통해 예수 이름의 능력을 수도 없이 경험할 수 있었다. 구하지도 찾지도 원하지도 않았던 상태에서 내게 말씀으로 오신 하나님은 그 말씀 그대로 내 생각, 가치관, 취향 아니 내 삶 자체를 완벽하게 바꾸어 놓으셨다.

12. 내가 함께 하지 않으면
   넌 코도 닦을 수 없어

믿음이 생기면서 첫 번째로 전도한 사람은 내 아버지다. 나중에 알았지만 언젠가 노래교실 강순애 회장님을 모시고 아버지와 함께 식사를 한 적이 있다. 아버지가 회장님께 이렇게 얘기하시는 걸 들었다.

"난 영아가 신경 이상으로 강북삼성병원에서 치료를 받고 퇴원한 후 갑자기 하나님을 찾고 교회를 다닌다길래 얘가 드디어 미쳤구나 싶었어요."

사실 아버지도 내가 일반적인 삶을 살지 않았다는 걸 잘 알고 계셨으리라. 젊은 시절부터 집안을 꾸려가는 가장으로서의 무거운 짐을 지고 살아왔는데, 가족들은 너무도 당연한 듯이 나에게 기대 살아온 걸 아버지가 미안해하셨는지는 모르겠다.

하지만 딸이 힘들게 버티고 있었다는 사실만큼은 알고 계셨으리라 믿고 싶다. 아버지는 강회장님께 이렇게 말씀을 이어 가셨다.

"애가 미친 거 아닌가 생각했는데 가만 보니 그런 거 같진 않고... 하여튼 딸아이의 권유로 교회를 가봤어요. 그런데 너무 분위기가 좋은 거예요."

(아버지와 함께 알파 교육수련회)

사실 아버지는 경로당이나 노인정 같은 데는 가지 않으셨다. 당신과 수준이 맞지 않는다는 이유였다. 나는 아버지를 모시고 새벽기도를 다녔다. 기도를 깊게 하다 보면 두 팔이 나도 모르게 올려지고 내려오지 않는 상태가 되는 경험을 자주 했다. 그날도 그랬다. 새벽예배 때 두 팔을 올리고 기도를 하고 있었는데, 내 의지와 상관없이 두 팔이 갑자기 툭 떨어졌다. 나는 앞으로 고꾸라지며 앞 열에 있는 긴 나무 의자 등받이에 이마와 코를 세게 부딪혔다.

두 팔은 의자 아래로 힘없이 떨어져 있고 이마는 앞의 나무 의자에 처박은 우스꽝스러운 자세로 꼼짝을 할 수가 없는 것이다. 심지어 코에서는 콧물이 질질 흐르기 시작했다. 믿을 수 없게도 난 그 콧물을 닦아 낼 수도 없었다. 몸을 전혀 움직일 수 없었기 때문이다. 이게 뭐지? 내가 왜 이러지? 겁이 덜컥 나기 시작했다. 그런데 그때 믿기 어려운 신비를 또 체험하게 됐다. 마치 숀 팬의 영화 '밀크'를 보기 위해 운전을 하고 있을 때 그랬던 것처럼, 마음에 울리는 어떤 음성을 또 듣게 된 것이다.

'너 코 하나도 닦을 수 없지?
네가 하는 모든 것들에 내가 함께 하지 않으면
넌 아무것도 할 수 없는 거야"
아버지는 옆자리에서 내게 일어나는 일을 고스란히 지켜보고 계셨다.

13. 42세의 늦깎이 모델 그리고 크로스오버

매니저 K와의 사슬과도 같았던 계약에서 자유로워지자, 나는 오래전 가수 겸 배우 임창정과 함께 공연했던 '동숭동 연가'와 예술의 전당에서 공연한 '4월 하늘 어디에' 이후 실로 오랜만에 '드림헤어', '안동역에서' 등 뮤지컬 무대에서의 활동을 이어갈 수 있게 되었다.

뮤지컬 '드림헤어'에는 배우 김영호 님, '그녀와의 이별'을 부른 가수 김현정 등 당대의 스타들과 함께 출연했다. 뮤지컬 '드림헤어'의 하이라이트는 헤어 뷰티쇼였는데, 극본 상 모델로 분했던 가수 김현정이 출연했어야 할 장면이었다. 사실 이 작품은 뮤지컬 연극 부분과 헤어 뷰티쇼 부분의 연출자가 따로 있었다. 나는 헤어 뷰티쇼 연출님의 선택으로 하이라이트인 헤어 뷰티쇼의 레볼루션 장면에 서게 됐다. '드림헤어'가 끝나고 관계자들의 극찬을 들으며 모델로 발탁이 됐다. 그때 나이가 42살이었다. 42살에 새삼 모델로 커리어를 넓히게 된 극히 드문 케이스가 된 셈이다.

(한국미용페스티벌)

　뷰티쇼는 쉽게 말해 패션쇼와 헤어쇼에 뮤지컬을 결합한 형태의 공연이다. 내가 맡은 부분은 오프닝과 피날레에 극적인 대사와 노래를 하고 런웨이에 서는 것이었다. 스물 갓 넘은 늘씬한 모델들과 팀장급의 20대 후반 모델들이 서는 무대였다. 그 젊은 모델들의 거의 엄마뻘 되는 나이에 내가 본격적으로 모델을 하게 된 것이다. 내 키는 166cm이다. 보통 런웨이 모델들의 키는 177cm 정도다. 일반 모델들에 비해 한참 작은 키에 나이도 마흔이 넘은 내가 쇼의 주인공으로 가장 화려한 드레스를 입고 스포트라이트를 받으며 연기와 노래를 펼쳐 보였고 런웨이에 섰다.

(현대백화점 뷰티쇼 마리앙투와네트)

　물론 이렇게 되기까지 전에 하지 않았던 분야에 도전해 엄청난 노력을 했다. 클래식한 드레스 위주의 옷을 많이 입었고 선곡 역시 크로스오버 곡들 위주였기에 난 꾸준히 발성에 대한 연구와 연습을 했어야 했다. 당장 그 무대에 서야 했기 때문이다. 난 내가 서야 하는 모든 무대를 감당해야 할 책임이 있었고, 내가 해내지 못해서 내게 맡겨진 일을 포기해야 하는 상황을 스스로에게 용납할 수 없었다.

　6년 이상의 공백 이후 내게 온 기회들은 큰 무대 작은 무대 가릴 것 없이 모두가 소중하다고 여겼다. 더 이상 물러날 곳이 없다는 절박함이었다. 결국 나는 많은 이들의 찬사 속에 내게 주어진 일을 해

냈다. 무대에 서지 못 하는 동안에도 절대로 나를 망가지게 내버려 둘 수 없다는 생각으로 강박관념처럼 신체를 관리했고 노래 연습을 게을리하지 않았던 덕에 내게 온 소중한 기회를 놓치지 않았다는 점도 나 스스로에게 인정해 주고 싶은 부분이지만, 정작 내가 자랑하고픈 건 시련 후에 주시는 기회에 내가 망설이지 않고 감사한 마음으로 임했다는 사실이다. 42세에 전혀 모델의 '규격'에도 미달인 나를 새로운 도전일 수밖에 없는 성악 발성까지 훈련시키셔서 세우실 수 있는 분이 하나님이다. 우리에게 불가능한 일이 하나님께는 아무 일도 아니라는 걸 깨닫고 청할 때 기적은 일어난다.

(독도는 우리땅 뷰티쇼)

14. 하나님을 믿으면 만사형통?...
나아질 방법이 보이지 않은 현실의 문제는?

아버지는 치매를 앓기 전에도 전두엽 손상으로 70대부터 표면적으로 치매 증상이 나타났다. 이후로 피부암, 구강암, 설암-병원에서는 이를 희귀암이라 말했다-에, 심지어는 치매까지 걸리셨다. 아버지의 오랜 병환은 나에게 감당하기 너무나 벅찬 금전적인 어려움을 안겨주었다. 성경의 창세기 42,43장에는 가나안 땅에 기근이 들어 야곱의 아들들이 양식을 구하기 위해 이집트 땅으로 내려가는 장면이 나온다. 기근은 생활의 기근으로, 생명의 기근으로 우리의 삶을 위협한다.

나는 당시 백석문화대학 실용음악과에 외래교수로 재직하고 있었고 외관상 많은 어려움이 있어 보이지 않았을 수 있다. 하지만 나는 아버지 간병인과 약품에 드는 비용을 감당하는데 너무나도 큰 어려움을 겪고 있었다. 매일매일이 막막했다.

당시 아버지에게 투약되는 알부민이라는 치료제는 보험 혜택을 받을 수 없는 약품이었기에 나는 이 약 값을 벌기 위해 다른 무언가를 했어야 하는 상황이었다. 많은 고심을 했다. 내가 해온 거라고는 노래와 음악을 가르치는 일 밖에 없는데 무엇을 해서 돈을 벌어야 하나... 고심한 끝에 전통요리를 배웠고 또 나중에 혹여라도 식당을 차릴 수 있지 않을까 싶어 식당에 나가서 일을 배워야겠다고 생각했다. 아니... 생각했다기 보다 다른 사람들에게는 그렇게 말했다. 사실 '식당을 차리기 위해서'라는 말은 남들에게 그럴싸하게 보이기 위해 한 말이었다. 남의 시선에서 아직도 나를 내려놓지 못했던 거다. 흔히 하는 말로 '가수로 잘나가지 못해' 식당에서라도 돈을 벌어야 하는 생활고를 들키고 싶지 않아서 만들어낸 핑계 말이다.

그러던 중 나는 창세기 42, 43장에 있는 말씀으로 용기를 얻고 내가 있는 곳에서 마음을 내려놓고 '이집트 땅'으로 내려가자고 다짐했다. 하나님 말씀에 용기를 얻고 현실을 직면하기로 한 것이다. 학교 강의, 음악 레슨, 뷰티쇼를 병행했지만 절대적으로 많은 시간을 일식당에서 일했다. 2년 동안 단 하루도 쉬지 않고 일했다. 이때 살이 너무 빠져서 갈비뼈가 앙상하게 드러나 보일 정도였다. 그때 하도 기가 막혀 사진을 찍어놨는데, 지금은 차마 들여다보지도 못할 정도로 야윈 모습이었다. 어떻게 살았나 싶을 정도다.

일식당에서 일하며 육체적으로 힘든 건 어떻게든 견뎌낼 수 있다고 생각했다. 그렇지만 나를 더 힘들게 한 건 정신적인 괴로움이었다. 나를 알아보는 사람들의 눈빛과 말이었다. 어떤 손님들은 나를 뚫어져라 바라보다가 일행과 수군대기도 했다. 문제는 내가 그

소릴 들을 수 있었다는 거다.

'쟤 가수하던 윤영아지? 미니 데이트 부르던 애. 어머 어쩌다 저렇게 됐니? 가수든 연예인이든 인기 떨어지면 끝이야.'

종종 있던 일이다. 나는 후에 일식당뿐 아니라 마트에서도 일하게 되었는데, 이때도 종종 이런 일을 겪었다. 나는 그 수군거리던 사람들의 무례를 원망하거나 탓할 마음이 없다. 내가 정작 주목하게 된 건 그들이 나에 대해 말하는 내용이 아니었다. 이 시기에 나는 한 가지 깨달음을 얻었고 그걸 마음속에 새기게 됐다.

전성기 시절, 길에서 또 공공장소에서 사람들이 나를 알아볼 때 기분이 좋았다. 나는 원래 어떤 일에 크게 좋아하는 성격은 아닌지라 이럴 때 우쭐해했다고 표현하고 싶지는 않지만, 뭐 우쭐함과 크게 다른 감정도 아니었다. 대중가수가 유명해지고 사람들이 알아봐 주는 건 틀림없이 기쁜 일이니까. 겸손한 표현을 굳이 쓰려는 의도는 아니나 이를 '영광'이라고 표현해야 맞다는 생각이다. 지금 한창 인기를 얻고 있는 후배 가수들 또는 연예인들에게 해주고 싶은 말이다. 요즘 흔히 하는 말로 꼰대 소리를 들을 충고인지는 모르겠으나, 팬들이 알아봐 주고 좋아해 주는 걸 '영광'이라고 여기는 게 마땅하다. 그런데 일식당에서 또 마트에서 사람들이 나를 알아볼 때는 왜 정반대의 감정, 즉 영광이 아닌 수치심 같은 게 느껴졌을까. 만일에 내가 처음부터 가수로 얼굴을 알리고 인기를 누리던 사람이 아니었다면 일식당에서 또 마트에서 일하는 걸 조금도 부끄럽게 여기지 않앉을 것이다. 당당한 직업이고 신성한 생업이니까. 하지만 누군가에게 나의 처지가 비웃음거리가 되는 건 아무래도 유쾌하지 않은 일이다. 세상의 영광은 언제든 수치심으로 바뀔 수 있다. 나를 우쭐하게 하던 것이 내게 수치심으로 되돌려질 수 있다는 걸 나는 뼈저리게 깨달았고 마음이 아팠다.

일식당 근무 시간은 아침 10시부터 밤 10시까지였다. 힘은 들었지만 마음을 단단히 고쳐먹고 각오를 다졌다. 보통 무대에서 15~20분 정도 노래를 하는데, 나는 식당 일을 12시간의 무대라 생각했다. 그래서 일을 할 때도 허리를 구부리고 서 있거나 아무리 힘들 때라도 한숨을 쉬거나 하지 않았다. 무대에서 하지 않는 걸 식당에서 하고 싶지 않아서였다. 나는 식당에서 서빙을 하는 게 아니라 무대에 서 있다는 마음가짐을 유지하려고 애썼다. 늘 운동을 하며 몸매와 자세를 유지해 왔던 나는, 돈을 내고 운동하는 것이 아닌 돈을 받으며 운동하러 왔다고 생각하며 손님들이 먹고 간 상을 치울 때나 음식을 차릴 때도 데드리프트(Deadlift) 자세로 허리를 펴고 자세가 느슨해지지 않도록 철저히 관리했다. 내가 사는 물에서 잠시 물 밖으로 나와 있을 뿐이라고, 곧 내가 사는 물속으로 갈 거라고 생각하며 무대에 다시 설 날에 대한 의지를 놓지 않았다.

일식당에서의 일은 곁에서 보는 것처럼 미소 지으며 주문받고 음식 나르는 정도의 노동이 아니다. 물론 그 자체로도 하루 종일 서서 일하는 고단한 일이지만...

일식의 코스 요리는 광주리 같은 둥그런 쟁반 모양의 용기에 돌들로 장식이 돼 있다. 그 위에 회를 얹어 손님들에게 제공이 된다. 당시에는 일식당에서 갖는 모임이 많을 때였다. 일단 모임 예약이 들어오면, 참석하는 인원수 별로 방을 세팅해야 했는데, 이때 오동나무로 만든 일본식 문을 떼어서 옮기고 다시 붙이는 일을 해야 한다. 문들은 정말이지 내게 너무나도 무겁게 느껴졌다. 무거운 걸 옮겨야 했기에 나는 늘 허리에 복대를 차고 파스를 발바닥에 붙인 채 스타킹을 신고 그 위에 양말을 신었으며 또 그 위에 두꺼운 등산 양말을 신어야 했다. 지금 다시 하라면 또 해낼 수 있을까 싶은 노동이었다.

이 글을 읽으시는 분들께 감히 부탁드린다. 식당에서 일하시는 분들을 무례하게 대하거나 하대하지 않으셨으면 한다. 그 누구에게도 다른 누군가를 그렇게 대할 권리가 없다. 보통 교회에서 '함께', '공동체'라는 개념을 놓고 많은 교육을 받고 기도를 한다. 나는 이 단어의 의미를 매우 잘 인지하고 공동체에 대한 사랑을 실천했다고 믿었다. 교회의 셀모임 같은 소모임에서도 공동체 얘길 자주 나눴고 공동체를 위해 기도했다고 나름 생각했었다.

하지만 나는 오히려 '식당'이라는 곳에서 그곳의 언니들을 보며 더 많은 교훈을 얻었다. 언니들은 각자 사연들을 가진 사람들이었고, 힘든 일을 겪었거나 겪고 있는 사람들이 많았다. 자신들의 삶이 이미 고달픈 사람들이었던 거다. 그럼에도 그 언니들은 조금도 귀찮은 내색 없이, 모든 것에 서툴던 나에게 친절하게 일을 가르쳐 주고 도움을 줬다. 아무리 오래 일을 해 요령이 생겼다 해도 그 언니들 또

한 격무에 지쳐 있었을 텐데 말이다. 식당 언니들을 보면서 말로만 강조하는 '공동체', '함께'가 아닌, 허리가 휘고 팔다리가 떨어져 나갈 것 같은 격무에, 자기 코가 석자인 사람들이 '함께'를 실천하는 모습에 깨닫고 배운 것이 너무나도 많다. 그 언니들은 나의 스승이다.

지금도 그때 함께 일했던 식당 언니들과 연락을 하며 가끔이나마 만난다. 온몸이 부서질 것 같이 고된 시절이었지만, 내게 너무나도 귀한 시간들이기도 했다. 난 늘 힘든 시기를 지날 때 참으로 좋은 분들의 도움으로 어려움을 이겨낼 수 있었다고 진심으로 믿는다. 그분들 한 분 한 분을 나는 절대로 잊지 않을 거다.

15. 여유 있던 시절과 가난했던 시절, 솔깃했던 두 개의 유혹

누드집

90년대 말 재미교포 모델 이승희가 나비 문신을 드러내 보이며 누드집을 발간해 화제가 됐다. 이후, 당대 미모로 인기를 끌었던 다수의 가수와 배우들이 잇달아 누드집을 발간하며 2000년대 대한민국의 연예계에 누드 열풍이 불었다. 이 시기에 나도 누드집 발간 제의를 받았다. 육감적이거나 풍만하지는 않았지만 볼만하다는 생각은 갖게 하는 몸매였을까?

복수의 회사로부터 1억이라는 액수와 함께 받은 제안이었고 솔깃할 유혹이었다. 하지만 그 제안을 거절하기까지 오래 걸리진 않았다. 가수인 내가, 그 이전에 여자인 내가 벗은 몸까지 만인에게 보여주며 돈을 받는다는 게 맞지 않는 일이라고 여겨졌다. 그렇다고 누드집을 출간한 여자 연예인들을 비하하고 싶은 마음은 추호도 없다. 나도 여러 통의 전화를 받으며 아주 잠깐이라도 솔깃해 했으니까. 내가 이를 유혹이라고 표현한 이유는 따로 있다. 만일 어렵던 시절 이런 제안을 받았다면 나는 어떻게 반응했을까? 그래도 거절하긴 했을 거라 믿지만, 솔깃해 하는 정도에서 끝나지 않았을지도 모를 일이다. 남을 함부로 비난할 수 없는 이유가 여기에 있다고 나는 생각한다. 자신이 처한 상황과 현실에 따라 달라질 수 있는 게 사람의 마음이고, 어려움에 처해 있거나 약해져 있을 때 원치 않는 일을 제안받게 된다면 그게 다름 아닌 '유혹'이 아니겠는가. 그 유혹을 이겨내지 못하는 건 비난받을 일이 아니라 안타까워할 일이다.

하여튼 나는 내가 하고 있고 계속하려는 일에 도움이 되지 않을 것 같다는 생각으로 이 제안을 거절했다. 지금 생각하면 너무나 잘한 결정이었다. 내가 지금 하고 있는 하나님 전하는 일에 전혀 도움이 되지 않았을 테니까. 거절했지만 그 제안 자체가 여자로서 기분이 나쁘지는 않았다. 보기 좋은 몸매라는 뜻 아닌가. 의상 입을 때마다 콤플렉스가 느껴졌던 내 빈약한 가슴이 좀 더 풍만했더라면 누드집 유혹에 더 솔깃했을지도 모를 일이다. 물론 농담이다!

중국 활동

가수 겸 배우로 활동 중인 이정현은 2000년대 중국에서 활동해 큰 성공을 이뤘다. 가수 미나도 중국에서의 활동으로 큰 성공을 거

됐다. 그녀의 노래 '전화받어'가 중국에서 만든 소셜미디어 틱톡에서 지금까지도 많이 나오는 이유이기도 하다.

중국에서 거둔 그녀들의 성공으로 나 또한 당시 중국에서의 활동을 제안받은 적이 있다. 매니저 K와의 재판이 끝나갈 무렵에 있었던 일이고 1년에 2억을 제안받았다. 그 제안은 나이트클럽 행사 등을 포함한 조건이었다. 사실 몇 년간 활동을 못해 경제적으로 힘든 시기를 겪고 있을 때여서 이 제안은 나에게 몹시 솔깃한 유혹이 됐다. 하지만 나를 망설이게 한 한 가지 결정적인 이유는 신앙생활에 있었다. 내가 지금 중국에 가면 신앙생활을 잘 하지 못할 것이라 판단했다. 돈이 무척 궁했지만 그 제안을 받아들일 수 없었던 이유다.

하나님을 믿게 된 후 내 삶에서 더 가치 있는 건 돈보다 신앙이 되었으니까.

16. 광야에서의 기도 그리고 JTBC 싱어게인

기회가 있어 이스라엘 성지 순례를 다녀온 적이 있다. 그곳에서 성경에 나오는 유대 광야를 보게 되었는데, 가이드 선교사님으로부터 '광야를 지나며' 찬양에 위로와 힘을 얻었다는 말씀을 들었다. 나는 가끔 이런 생각을 한다. 성경의 단어들이 일반적일 수 있다면 믿지 않는 분들이 하나님과 성경을 이해하는데 좀 더 도움이 되지 않을까? 광야는 다름 아닌 황무지다.

사람의 손이 닿지 않아 아무것도 없는, 버려진 땅을 의미한다. 사막 같은 곳 말이다. 6년여 동안 가수로서 노래를 못 하고 대중에게서 잊힌 대중가수로 살아가던 그러나 노래밖에 할 줄 아는 게 없었던 내가 살아가야 했던 현실의 세상은 바로 광야에 다름 아니었다. 아무것도 할 수 있는 게 없는 광야...

(예루살렘 성묘교회 앞)

어느 날 하루 종일 식당에서 일을 하다가 육체적으로 금방이라도 쓰러질 것 같이 힘이 들고 나에게 이 현실로부터 벗어날 희망이 있을까 하는 생각이 든 적이 있다. 그리고 이스라엘의 선교사님이 말씀하신 노래, '광야를 지나며'가 떠올랐다.

1. 왜 나를 깊은 어둠 속에 홀로 두시는지
   어두운 밤은 왜 그리 길었는지
   나를 고독하게 나를 낮아지게
   세상 어디도 기댈 곳이 없게 하셨네
   광야, 광야에 서 있네

   주님만 내 도움이 되시고 주님만 내 빛이 되시는
   주님만 내 친구 되시는 광야
   주님 손 놓고는 단 하루도 살 수 없는 곳 광야, 광야

   주께서 나를 사용하시려 나를 더 정결케 하시려
   나를 택하여 보내신 그 곳 광야
   성령이 내 영을 다시 태어나게 하는 곳 광야, 광야에 서 있네

2. 내 자아가 산산이 깨지고 높아지려 했던 내 꿈도
   주님 앞에 내어놓고 오직 주님 뜻만 이루어지기를
   나를 통해 주님만 드러나시기를 광야를 지나며

내 모습이 이 노래에 고스란히 담겨 있었다. 손님들이 떠난 테이블을 행주로 훔치며 나는 이 노래를 마음속으로 부르며 기도했다.

'내 자아가 산산이 깨진 지금, 높아지려 했던 내 꿈도 다 주님 앞에 내려놓습니다. 한없이 연약한 존재이지만 하나님의 은혜로 이 광

야를 지나게 해주세요.'

그러던 중 내게 매니저 K 이전에 나와 인연이 있었던 또 다른 매니저가 찾아와 JTBC에서 인기리에 방송되던 음악 프로그램 '싱어게인'에 출연하지 않겠느냐는 제안을 했다.

(싱어게인 50호 출연)

2020년 경이었다. 이 시기에 나는 당시 일식당에서 일하다 건강이 너무 나빠져서 다른 일을 찾았어야 했고, 마트에서 캐셔로 일을 하게 됐을 때였다. 나는 이때도 몹시 고달픈 시기를 겪고 있었다. 늘 무대에 다시 설 날을 고대하며 준비해 왔던 나에게 코로나로 인해 모든 공연들이 취소되어 그나마 열려 있는 좁은 문들도 모두 닫혔고 때마침 강의를 하던 대학에서도 재임용이 되지 않았다는 통보를 받은 터였다. 이때 JTBC의 인기 음악 프로그램 '싱어게인'에의 출연 제의를 받은 것이다. 망설인 것도 사실이다. 이 프로그램이 오디션 형태의 서바이벌 프로그램인 것도 나중에 알게 되었고 오랜 공백을 겪고 있던 나로서는 노래로 누군가와 경쟁할 준비가 되어 있지 않은 상태였기 때문이다. 나는 나를 하나님께 맡기기로 결심하고 기도했다.

'하나님 놓고 싶은 곳에 저를 놓아주세요.'

JTBC의 '싱어게인'은 나를 대중의 기억 속에서 되살리는 프로그램이 되었다. 90년대의 나를 기억하는 팬들과 '미니 데이트'를 새롭게 접한 비교적 젊은 세대의 팬들이 나를 알아보기 시작했다. 나는 다시 가수로 활동할 수 있게 되었고, 이후 신곡 '베이비 베이비'를 발표하기도 했다. 공중파 방송만이 아닌 인터넷의 유튜브 같은 플랫폼들도 활동의 무대가 될 수 있게 된 시대의 변화를 실감하며, 나는 '윤영아 TV 미니 데이트', '갓 데이

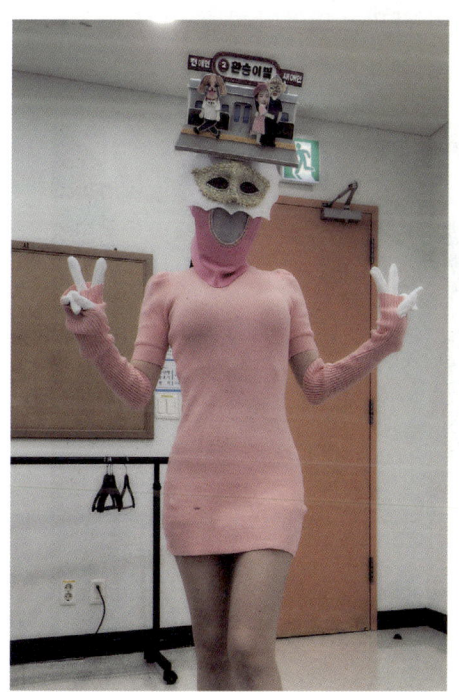

(MBC 복면가왕 대기실에서)

트'(God Date) 등의 채널을 개설해 나를 알릴 수 있게 되었다.

여기에도 숨겨진 얘기가 있다. '싱어게인'으로 가수 윤영아가 다시 세상에 알려지고 인터넷 검색으로 나를 찾아낸 팬들이 '윤영아TV 미니 데이트'의 구독자로 모이게 됐을 때, 나는 하나님을 전하기 위해 '갓 데이트' 채널을 열었다. 이때 주변 사람들이 종교적인 색채를 보이면 대중가수에게 좋지 않다는 충고를 해줬음에도, 나는 나에게 재능과 열정, 노래할 수 있는 능력을 주신 하나님을 마땅히 알려야 한다는 생각으로 지인들의 만류에도 불구하고 '갓 데이트'라는 복음 전하는 채널을 개설했다. 지인들의 충고가 맞았다. 이 채널이 방송되자마자 4백 명 정도 되는 '윤영아TV 미니 데이트'의 구독자가 바로 떨어져 나갔다. 그렇지만 나는 내 결정을 결코 후회하지 않았다. 내 삶의 목적과 방향이 이미 바뀌어 있었기 때문이다.

(CTS 출연)

하나님을 믿게 된 후, 나는 다시 이름을 알리고 대중의 주목을 받아야 할 새로운 이유를 갖게 되었다. 나에게 주목하는 대중에게 하나님을 알리기 위해서다. 사람들에게 잊히지 않는 자리에서 내게 주목하고 박수를 보내는 사람들에게 하나님을 알려야겠다는 사명이 생긴 것이다.

나는 이후 '태초부터 날 부르신 이는'이라는 찬양곡을 발표했다. 성경에 나오는 달란트의 비유를 나는 실천해야 한다고 생각했다. 소위 말하는 '리즈 시절' 만큼은 아니어도 내게 아직 1달란트가 남아 있다면, 그걸 땅에 묻어두지 말아야 한다는 책임감이 내 마음속에 굳게 자리하고 있었다. 무엇보다 하나님을 위해 살아가고 싶다는 열망을 품고 있었다. 내가 가수로서 재기해 무대에 서고 방송에 출연하는 이유는 하나님을 전하기 위해서다. 나는 이보다 더 가치 있는 일은 없다고 믿는다. 하나님을 믿게 되고 내게 생긴 가장 큰 변화였다.

어떻게 살아야 하나... 미래에 대한 두려움, 현실에서 겪는 숨 막히는 막막함, 나로 하여금 자신감을 잃게 만드는 주변 사람들의 말들-특히 나이와 관련된-, 인간관계에서의 상실감... 이 모든 것들에 대해 나는 성경의 한 구절을 떠올리며 용기를 얻는다.

"내 영혼아 네가 어찌하여 낙심하며
어찌하여 내 속에서 불안해하는가
너는 하나님께 소망을 두라
그가 나타나 도우심으로 말미암아
내가 여전히 찬송하리로다" (시43:1)

이스라엘에 다녀오고 찬양곡을 만들어 올리겠다고 하나님께 기도한 적이 있다. 그렇지만 식당이며 마트에서 내게 닥친 고달픈 삶 속에서 난 그 약속을 잊고 있었다. '싱어게인'을 통해 참으로 오랜 시간이 지나 나를 다시 대중에게 알릴 수 있게 되었을 때 내가 드렸던 이 기도가 생각났다. 그래서 만들게 된 곡이 '태초부터 날 부르신 이는' 이었다. 가사 속에 나의 고백을 담고 싶었다.

'태초부터 날 부르신 이는
나보다 더 날 잘 알고 계셔서
바보처럼 방황하며 헤매이던 내 모습도
아파하며 기다리신 거죠
소중한 모든 것 무너져가고
바라던 소망은 사라져 갈 때
주 내게 찾아 오셔서
내 손 잡아 세우시고
주 사랑으로 날 채워 주시네

세우시네 주의 길을 걷게 하시네
부르심을 따라 살게 하시네
어떤 고난이 와도 어떤 시련이 와도
하늘의 소망 바라게 하시네

태초부터 날 부르신 이는
나보다 더 날 잘 알고 계셔서

두려움과 눈물 속에 아파했던 나의 영혼
주 손길로 꼭 안아 주시죠
세상 속에 오직 성공만
바라보며 나 살아왔지만
참된 축복 보이시고
의미 없는 울림 아닌
생명의 노래 부르라 하시네

세우시네 주의 길을 걷게 하시네
부르심을 따라 살게 하시네
어떤 고난이 와도 어떤 시련이 와도
하늘의 소망 바라게 하시네

내 삶의 빛이요 길이요 생명 되신 주
나 영원히 주를 찬양하리

세우시네 주의 길을 걷게 하시네
부르심을 따라 살게 하시네
어떤 고난이 와도 어떤 시련이 와도
하늘의 소망 바라게 하시네
하늘의 소망 전하게 하시네
하늘의 노래 부르게 하시네

17. 아버지의 장례

아버지랑 한 집에서 50년이 넘도록 늘 같이 살았다. 병세가 악화되고 소천하시기까지 1년 4개월 동안 아버지가 요양원에서 지내신 시간을 빼면 말이다.

구강암과 설암은 코를 비롯한 모세혈관으로 퍼져나가 아버지는 결국 수혈을 통해 연명해 가시기에 이르렀다. 아버지의 삶에 대한 애착은 대단하셨다. 아버지는 병원 가시는 걸 좋아하셨다. 병원에 가시면 다 낫고 건강해져 오래 사실 수 있다고 생각하신 거 같다. 아버지의 암은 이미 오래됐고 주치의 선생님은 마음의 준비를 하라 하셨다.

아버지가 요양원에 계실 때는 코로나 시절이었는데 사실 난 직원처럼 요양원을 드나들었다. 아버지는 이틀이 멀다 하고 계속 호출을 하셨고 어떤 색에 어떤 스타일의 옷을 가져오라 요구하시기도 했다. 수도 없이 응급실에 가야 했다. 처음엔 한 달에 한 번 정도 받던 수혈도 나중에는 보름에 한 번, 또 일주일 한 번으로 잦아졌다. 아버지의 입과 코에서 피가 멈추지 않아 병원과 요양원을 거의 출근

하다시피 했어야 했다. 아버지는 심지어 응급실에서도 당신이 원하는 옷을 가지고 오지 않으면 역정을 내셨을 만큼 일반적인 분은 아니셨다. 아버지는 요양원에서 그림 그리고 색칠하는 것을 좋아하셨다. 아버지는 옷을 잘 입는 멋쟁이셨다. 그래서 그런지 색채 감각이 내가 봐도 뛰어나 보였다. 미술이라고는 한 번도 배워보지 않으셨던 분이 밝은 부분에서 어두운 부분까지 농도 변화를 줘 그라데이션으로 색을 칠하기까지 하셨다. 그걸 유심히 보고 있던 나는 큰 문구점에서 가서 색연필을 사드렸는데, 아버지는 올리브 그린, 다크 그린 등 색상 별로 많은 색연필을 고르셨다. 나는 아버지가 그 색들을 그림에 사용하시는 걸 보며 몰랐던 아버지의 재능에 놀라기도 했다. 아버지는 1932년생이신데 한자는 물론 영어와 일어에도 능하셨다. 아버지는 이런 것들을 잊어버리지 않으시려고 암이 코에까지 번져 수시로 새까맣고 탁한 색으로 뭉친 코피를 쏟으면서도 공부를 게을리하지 않으셨다.

(색연필 고르시는 아버지 모습)

2023년 5월 3일, 나는 가수로 재기하고 처음으로 고대하던 단독 콘서트를 올리게 됐다. 코로나로 대중이 모이는 것 자체가 쉽지 않은 시기에 올려진, 내게는 절대적으로 중요한 공연이었다. 리허설을 하고 있는 중에 아버지가 응급실로 실려 가셨다는 연락을 받았다. 그리고 아버지는 5월 5일에 돌아가셨다. 아버지는 삶에 대한 애착이 그 누구보다 크신 분이었고 난 사실 아버지의 그런 점이 이해되지 않았다. 믿음을 가졌는데 왜 당신의 죽음을 받아들이지 못하는 걸까. 엄마는 달랐다. 당신의 죽음을 받아들였다. 난 아버지에게 정말 믿음이 있었던 건가 의심하기도 했다.

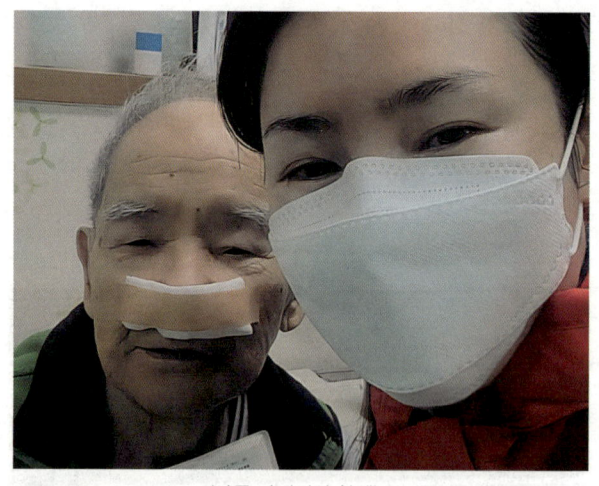

(아픈 아버지와 함께)

아버지가 소천하시고 교회에서 목사님과 교회분들이 오셔서 입관예배를 드렸다. 그리고 외갓집 오빠들과 식구들이 입관식에 함께 참례하고 장례식을 치렀다. 이때 나에게 아버지의 구원에 대한 확신이 들게 하는 일이 일어났다. 아버지가 염을 마치고 가만히 누워 계시는데 초록 잎새 사이로 햇빛이 찬란히 비치는 걸 봤다.

'하늘 가는 밝은 길이 내 앞에 있으니 슬픈 일을 많이 보고 늘 고생하여도...'

찬송가 493장 찬양을 하며 아버지의 영혼을 주님께서 받아 주시길 기도했다. 발인 예배는 요양원을 찾아오셔서 아버지를 위해 기도해 주셨던 '153예인교회'의 최종철 목사님께서 인도하셨다. 아버지는 생전에 수양장(바닷물에 뿌리는 장례)을 원하셨다. 그래서 화장으로 장례를 했다. 최종철 목사님은 하관식도 함께 하셨다.

'잠시 세상에 내가 살면서 항상 찬송 부르다가 날이 저물어 오라 하시면 영광 중에 나아가리 열린 천국 문 내가 들어가 세상 짐을 내려놓고 빛난 면류관 받아쓰고서 주와 함께 길이 살리'

인천 연안 부두 바닷가에서 아버지의 유골을 뿌릴 때 나는 또 한 번 하나님의 신비를 경험했다. 팔에 전율을 아주 강하게 느꼈다. 내 몸이 휘청거릴 정도였다. 그리고 그때 주님의 음성이 뚜렷하게 들렸다.

"영아야, 그동안 수고 많았다."

(인천 연안 부두에서 수양장)

아버지와 함께 살면서 나는 아버지에게 늘 애증을 느꼈다. 아버지에 대한 원망도 많았다. 아들들이 있음에도 나에게 가족을 부양하는 모든 책임을 떠 맡기고 미안해 하기는커녕 그걸 당연한 듯 여기는 것 같은 내 아버지에게 딸인 나는 중요한 사람이 아니라는 생각을 한 적이 많았다.

하나님을 사랑하니까 하나님을 사랑하는 마음으로 아버지께 도리를 다해야 한다고 생각하며 나는 아버지가 돌아가실 때까지 내가 할 수 있는 이상을 하며 살았다고 망설임 없이 말할 수 있을 것 같다. 내 삶에서 가장 어려웠던 시기에 아버지의 치료비까지 감당하기란 불가능에 가까운 일이었다.

하지만 난 단 한 번도 아버지에게 투약이 필요할 때 또 치료가 필요할 때 그냥 지나친 적이 없었다. 살고 싶어 하시는 아버지가 원하시는 대로 연명을 위한 모든 걸 했다. 하지만 인간적인 배신감과 서운함을 내 가슴속에서 씻어 내기란 쉬운 일이 아니었다. 이런 나를 하나님이 위로하셨다. 아버지의 유골을 뿌리면서 난 하나님의 위로하시는 성령을 체험했다.

아버지의 장례를 준비하면서도 나는 믿음을 확고하게 다질 수 있었고 천국에 대한 소망을 온 마음을 다해 진심으로 갖게 되었다. 내가 이 땅에서 힘들어도 버틸 수 있는 힘을 얻게 된 것이다. 나는 죽음이 두렵지 않다. 그래서 삶도 두렵지 않다.

18. 룻(Ruth)

　성경 속 룻기에는 '룻'이라는 여인이 등장한다. 교회에서 실시된 '귀납적 성경연구' 강좌를 통해 룻기를 공부한 적이 있다. 난 공부할 당시 '룻'의 시어머니 '나오미'의 관점에서 룻기를 바라보며 열심히 공부했던 기억이다. 많은 걸 배우고 깨달으며 은혜롭게 공부를 잘 마친 후 얼마 지나지 않았을 때였다. 프라이팬에 기름을 두르고 고기를 굽고 있는데 갑자기 "네가 룻이다" 하는 음성이 들렸다. 기도하던 중도 아니고 말 그대로 프라이팬에 고기를 굽고 있을 때 말이다.

　깜짝 놀랐다. 보통 이럴 땐 뭘 잘못 들었으려니 하는 본능이 먼저 발동하기 마련이지만, 나는 여러 번 겪어 본 일이라 왜 이런 말씀을 주실까 하는 생각이 들었다. 그런데 하필 그때 전화 메시지 소리가 들렸다. 난 고기를 굽고 있었고 또 하나님의 음성을 들었기에 메시지를 급히 확인하지 못했다. 하나님의 음성이다 생각되는 순간에 그 말씀에 집중하고 뜻을 헤아리려는 습관이 내게 생겼기 때문이었다.

　구운 고기를 접시에 옮기고 나서야 전화의 메시지를 확인했다. 교회의 여집사님이 보낸 메시지에 '집사님이 룻이예요'라고 쓰여 있는 게 아닌가. 난 너무도 놀랐다. 분명히 고기를 구우면서 "네가 룻이다"라는 음성을 들었는데, 하나님께서는 여집사님의 메시지를 통해 다시 한번 이 말씀을 확인시켜 주신 거라 믿지 않을 수 없었다.

나중에 알고 보니 '귀납적 성경연구' 강좌를 통해 받은 감동을 교회 책자에 올렸는데, 그것을 본 여집사님이 내게 보낸 메시지였던 거다. 하지만 난 '나오미 관점'에서 그 글을 썼다. 모압 출신의 여인 룻을 예수님의 계보를 이어가는 믿음의 여인으로 성경은 기록하고 있다. 나는 내가 받은 말씀 그대로 룻을 내 믿음의 모델로 삼고 그 이름을 나의 별칭 삼아 사용하고 있다.

19. 반 고흐, 윤동주 그리고 생명에 관하여

네덜란드의 화가 빈센트 반 고흐의 작품에 빠진 건 내가 하나님을 믿기 시작하고 나서였다. 고흐의 그림을 보고 있으면 고통, 가난, 결핍의 상황 그리고 인생의 가장 어두운 곳에서 유토피아의 찬란함을 그렸다는 생각을 하게 된다.

'하나님, 이 고통을 어찌하면 좋을까요.'라며 절규하는 듯하다. 물론 나는 미술에 대한 조예가 조금도 없다. 관심이 가는 작품에 대해 자료를 찾아 읽고 공부를 하는 정도가 전부다. 후에 얘기하겠지만, 내가 뉴욕에 초청받아 공연을 하러 갔을 때, 촉박한 스케줄에도 짬을 내 가본 곳이 메트로폴리탄 뮤지엄과 현대 미술관(Museum of Modern Art)이었을 정도로 미술 작품 보는 걸 좋아하고 그 작품들에 대해 알고 싶어 한다. 이 글을 읽으시는 분들 중 미술과 예술에 대해 깊이 있는 조예를 가지신 분들께는 양해를 구하며 하고 싶은 얘기를 이어가려 한다.

고흐는 탄광촌의 시커멓게 그을린 사람들을 보면서 자기의 하얀 얼굴을 미안하게 여겼단다. 그래서 세수도 안 하고 그들과 고통을 나누었단다. 그의 작품 '감자를 먹는 사람들'에서도 노동자의 모습을 볼 수 있다. 희미한 램프 아래서 감자를 먹는 사람들의 거칠고 굵은 뼈마디가 고스란히 드러나 보이는 노동의 손을 보여준다. 대지를 파며 고단했던 그 거친 손들과 그들의 정직함에 대한 대가로 주어지는 먹음직스러운 감자를 보여주고자 했단다. 즉 '얼음'이다. 고흐는 자신의 회화에서 파란색과 노란색을 많이 사용했는데, 파란색은 하나님의 무한하심을, 노란색은 하나님의 임재를 그린 것이라 한다.

빈센트 반 고흐를 노래한 돈 맥클린의 '빈센트'라는 팝송을 나는 좋아한다. 가사에 예술가인 반 고흐의 삶과 고뇌가 잘 담겨 있다는 생각이다. Starry Starry Night으로 시작하는 이 노래에 'Weathered faces lined in pain are soothed beneath the artist's loving hand'라는 가사가 있다. 풍파에 시달린 주름진 얼굴들이 예술가의 사랑의 손길 아래 위로를 받는다는 것이다. 그렇다. 고흐는 자신의 작품을 통해 풍파에 시달리고 고단한 삶을 살아가는 사람들을 위로하는 데 자신의 예술혼을 바친 것 같다.

한국인들이 좋아하는 윤동주의 서시에 '모든 죽어가는 것을 사랑해야지'라는 시구가 있다. 시인이 사랑하겠다 다짐한 '모든 죽어가는 것'은 무엇일까? 세상의 모든 생명체는 죽어간다. 시인은 세상의 모든 생명을, 또 소외된 이들의 고통을 사랑으로 감싸안으리라 다짐했던 게 아닐까?

하나님을 믿고 나는 생명의 존귀함에 대해 생각하게 됐다. 성경의 창세기에서 하나님께서는 세상을 창조하시고 아담을 지으신 후, 세상에 있는 모든 살아있는 것들을 '다스리게' 하셨다.

'다스리다'의 사전적 의미는 '보살펴 이끌거나 관리함'을 뜻한다. '다스림'은 곧 '보살핌'이고 보살핌은 '살리는 일'이다.

(우리집냥이 애누와 함께)

몇 해 전부터 길고양이들을 돌보고 입양시키는 일을 해왔다. 나 역시 길고양이 세 녀석을 입양해 돌보고 있다. 생명의 존귀함을 깨닫고 작은 실천으로 시작한 일에 지금은 매우 진심으로 매달리고 있다. 혹자는 길고양이를 돌보는 이른바 '캣맘'들을 부정적인 시각으로 바라보고 있음도 안다. 길고양이를 돌보려 먹을 걸 챙겨주고 물을 가져다주고 숨어 쉴 수 있는 작은 보금자리라도 만들어 주려고 하다 보면 이를 못마땅해하는 사람들과 자주 마주친다. 어떤 이들은 노골적으로 적개심을 드러내기도 한다. 길고양이 울음소리가 소음공해가 된다는 등의 여러 가지 이유로 길고양이 돌보는 사람들을 싫어하는 분들도 계시는 걸 안다. 나는 솔직히 그 여러 가지 이유 중에 이해하기 어려운 부분들도 상당수 있지만 그렇다고 그분들을 원망하지도 않는다. 다만 나는 내가 할 수 있는 일로 생명을 돌보고 싶을 뿐이다. 길고양이들이 길거리를 떠돌며 살아남기 위해 애쓰고 있게 된 원인을 따져 올라가 보면 인간이 책임을 면하기 어렵지 않겠는가. 하지만 그 책임을 묻고 싶은 마음도 내겐 없다. 내가 할 수 있는 일로 존귀한 생명을 가엾게 여기며 진심으로 돌보고 싶을 뿐이다. 앞으로도 나는 유기견, 유기묘를 보살피는 일, 즉 생명을 살리는 일을 하며 살아가고 싶다. 그리고, 삶의 어둠 속에서 찬란함을 그리려 애썼던 고흐처럼, 살아 있는 존재들의 고통을 사랑으로 감싸리라 다짐했던 시인 윤동주처럼, 내 노래도 예술이 되고 삶의 고됨을 느끼는 모든 이의 마음에 위로가 되었으면 좋겠다.

20. '페이스북'을 통해 다시 만난 사람들

'JTBC싱어게인' 후 활동을 재개하면서 지인들로부터 소셜미디어 '페이스북'을 해 보라는 권유가 있었다. 가수 활동을 위한 홍보에서 업무에 이르기까지 장점이 많다는 이유에서였다.

페이스북을 시작하고 오래전 알고 지냈던 분들과 다시 연락이 되기 시작했다. 그중 한 분이 연세영 선생님이다. 연 선생님은 한국은 물론이고 일본에서까지 큰 화제가 됐던 TV 드라마 '겨울연가'의 ost 작곡가로 유명한 분이다. 선생님을 통해 내게 소중한 인연들이 만들어졌다. 그중 한 사람이 언더그라운드 뮤직의 실력파 포크송 가수 신보연 언니다. 지금은 내게 둘도 없이 친한 언니고 나의 응석을 다 받아주는 다정한 벗이다. 가수 신보연은 나의 자전적 뮤지컬 모노드라마의 제목이 되기도 했다. 뒷부분에서 다시 얘기하겠지만 미국 필라델피아에서 초연된 윤영아의 자전적 뮤지컬 모노드라마의 제목이 '보연 언니 나는'이다.

보연 언니는 24년 11월, 나와 함께 미국에 초청되어 '공감, 더 가까이'라는 콘서트를 무대에 올리기도 했다.

영화 '록키'에 나오는 필라델피아 미술관 앞에서 K-pop가수를 환영해 주는 중학생들과 함께

아마도 언더그라운드 포크송 가수로는 대한민국 최초로 미국에 초청되어 콘서트를 가진 가수가 아닐까 싶다. 이 콘서트에는 '김성호의 회상'을 부르신 대한민국의 대표적인 싱어송라이터, 김성호 선생님도 함께 출연하셨다. 반드시 그런 것만은 아니지만, 좋은 사람 주변에는 좋은 사람들이 모이는 것 같다. 연세영 선생님을 통해 만나게 된 좋은 분들과 일을 할 수 있음을 '좋은 분' 연세영 선생님께 감사드린다. 미니 데이트 이후 후속곡으로 발표한 '고장난 시계처럼 내버려둬'가 바로 작곡가 연세영 선생님의 작품이다. 이 노래를 부른 예전 영상들도 유튜브에 많이 올라 있다.

또 하나의 믿기 어려운 재회가 있었다. 미국에서 연극 연출가 겸

극작가로 활동하고 있는 임 앤드류 연출가와 페이스북을 통해 다시 연락이 됐다. 이분은 내가 대학로에서 뮤지컬에 출연할 때 만난 분이다. 당시 대학로에서 다른 작품을 연출하고 계셨던 이분께 나는 연기에 대해 여러 가지 질문을 했고 너무나 이해하기 쉽게 해박한 지식으로 이론을 설명해 주신 분이어서 내 기억 속에 각인됐던 분이다. 페이스북에서 낯익은 얼굴과 이름이 눈에 띄어 자세히 보니 대학로에서 내가 따랐던 바로 그분이었고, 메시지로 인사를 드렸더니 금세 나를 알아보셨다. 반가운 마음에 당장 전화번호를 물어보고 연락을 드렸다. 밀린 얘기를 채 하기도 전에, 놀랍게도 연출가님은 이미 내 최근 활동과 간증까지 다 챙겨 보고 계셨던 걸 알게 됐다.

나는 장난처럼 '미국산 등심이 먹고 싶어요.' 하며 너스레를 떨었고, 미국에 진출하고 싶었던 내 마음을 얘기했다. 그런 일이 실제로 이루어질 거라는 생각도 기대도 전혀 없이 한 얘기였다. 그러나 그 얘기를 들은 이분의 한마디는 의외로 '해보자'였다.

'해보자!'

너무나도 결의 찬 한마디여서 사실 속으로 살짝 놀랐다. 하지만 이때까지도 이 한마디가 놀라운 기적의 서막이 될 거라 전혀 기대하지 못했다. 신실한 믿음을 가진 분이어서 그렇지 않아도 내 간증을 방송으로 보고 윤영아가 살아온 삶에 너무나 마음이 아프면서도, 하나님께서 윤영아의 삶을 통해 하신 일에 큰 감명을 받았던 터였다고 하셨다. 단지 페이스북을 통해 발견한 반가운 분에게 인사를 했을 뿐인데, 이 사건은 이 책을 쓰고 있는 지금까지 기적 그 자체라고 밖에 표현할 방법이 없는 놀라운 은혜를 하나님께서 내려주시는 출발점이 되었다.

21. 미국에서 길이 열리다
- 뮤지컬 '보연 언니 나는'
'어느 젊지 않은 여가수의 노래'
그리고 하나님께 올린 콘서트,
'공감, 더 가까이' -

그렇다. 단 한마디 대화로 시작된 일이었다.

'미국에 진출해 보고 싶어요.'

'해보자!'

이 짧은 대화가 있은 후, 바로 다음날부터 놀랍도록 빠르게 '윤영아의 미국 공연 프로젝트'가 진척되기 시작했다. 그리고 얼마 지나지 않아, 놀랍게도 미국 공연의 구체적인 형체가 보이기 시작했다. 무엇보다 기획을 하겠다는 기획자가 나타났다. 미국의 유서 깊은 도시, 필라델피아에서 교육 관련 비영리 단체를 운영하고 있는 S&S 드림 파운데이션(S&S Dream Foundation)의 심수목 대표님이었다.

(S&S Dream Foundation 심수목 대표님과 함께)

교회의 장로로 독실한 기독교 신자인 심수목 대표님은 윤영아의 미국 공연에 대한 제안을 받자마자 나의 간증 관련 방송과 자료를 꼼꼼히 검토했고, 나와의 화상 회의를 통해 전격적으로 공연의 기획을 결정했다. 가수 윤영아의 간증을 토대로 임 앤드류 연출가가 대본을 쓰고 연출을 맡아 뮤지컬 모노드라마를 만들고 그 초연을 필라델피아에서 올리자는 결정이었다.

나 이전에 누구도 자전적 연극을 만들어 미국 무대에 올린 한국 가수는 없었다. 아니 그 어떤 유명 배우도 엄두조차 내지 못했던 일이었다. 미국 한인사회의 사정과 상황을 조금이라도 아는 사람들은 이런 프로젝트가 얼마나 성사되기 어려운지 실감할 수 있으리라. 내가 이 공연의 시작에서 성사까지의 과정을 그 자체로 '기적'이라고 표현해도 전혀 억지스럽게 여겨지지 않을 일이다. 가수 윤영아의 자전적 뮤지컬 모노드라마 '보연 언니 나는'은 이렇게 탄생하게 되었다.

('보연 언니! 나는' 포스터)

'보연 언니 나는'은 대한민국에서 최초로 만들어진 현존하는 여가수의 자전적 연극이다. 내가 그 영광을 누리게 된 것이다. 그 초연이 미국에서 무대에 오른 것 자체도 최초의 일이다. 공연을 보신 분들의 반응은 감사하게도 너무나 열광적이었다. 작품 자체가 웃음과 재미, 눈물과 감동을 모두 담고 있는 수작이었고, 나 역시 '반드시 잘 해내리라' 굳게 마음먹고 연습한 덕에 가능했던 일이라 자평한다. 그렇다 정말 열심히 준비했다. 내가 한 공연을 내 말로 자화자찬하기가 민망해 '보연 언니 나는'에 관해 보도한 기사의 한 부분을 소개하고자 한다.

(필라델피아 에버그린 센터 첫 공연)

'지난 5월 11일 필라델피아 에버그린 센터에서 막을 올린 <보연 언니 나는>은 첫 공연부터 큰 화제를 불러일으키기에 충분했다.

윤영아의 조금도 퇴색하지 않은 가창력은 관객들을 압도하기에 충분했고, 이에 더해 윤영아는 대중이 전혀 알지 못했던 뛰어난 연기 실력까지 발휘해 관객들을 더욱 놀라게 했다. 인기 방송 프로그램들을 통해 이미 검증된 윤영아의 노래 실력이야 당연하게 여겨질 만하지만, 그녀의 연기 실력에 대해서는 알지 못했던 관객들은 노래만큼 관객을 압도하는 윤영아의 연기에 감탄과 감동을 넘어 놀라움을 금치 못했다.

더군다나 엄청난 양의 대사와 여러 역할을 혼자서 연기해 내야 하는 모노드라마를 한 시간 반 동안 이끌어 나가면서도, 마지막 대사 한마디까지 에너지를 잃지 않은 윤영아의 열연은 관객들을 압도하기에 너무나도 충분했다. 사실 <보연 언니 나는>은 대한민국 최고의 연기파 배우 손현주가 윤영아의 연기를 지도해 공연 전부터 화제가 된 바 있다. 대배우 손현주의 특급 지도와 윤영아의 연기에 대한 재능 그리고 피나는 노력이 합쳐져, 본업인 노래뿐 아니라 연기까지 잘하는 '가수 겸 배우' 윤영아가 뮤지컬 모노드라마 <보연 언니 나는>을 통해 탄생하게 된 것이다.

관객들의 엄청난 환호와 박수갈채는 윤영아 자신도 예상하지 못했을 정도로 열광적이었다. 윤영아의 피아노 연주로 시작된 첫 곡부터 관객들의 뜨거운 호응은 공연이 끝나고 앵콜 곡들이 불릴 때까지 계속 이어졌다.'

커튼 콜을 하며 무대에서 바라본 객석은 나를 깊은 감동과 감회에 빠지게 했다. 지난 기억들이 파노라마처럼 머리를 스쳐갔다. 나를 이 시간 이곳에 세워 당신이 하신 일을 증언케 하신 하나님께 감사드렸다. '보연 언니 나는'의 2024년 5월 필라델피아 공연을 시작으로 나는 뉴욕과 뉴저지 주의 여러 교회에서 나의 간증을 한인 동포분들께 들려 드릴 기회를 가졌다. 내 간증의 신앙적 가치를 보신 뉴저지 주 안 다니엘 장로님께서 마련하신 의미 있는 기회였다. '보연 언니 나는'의 공연은 이후 한국에서도 이어졌다. 사실 '보연 언니 나는'이라는 제목에 숨겨진 뒷이야기가 있다. 처음에는 작품의 제목에 '보연 언니' 대신 다른 이름이 있었다. 대학 동창 중 한 사람의 이름을 넣어 'XX아 나는'이라고 제목을 만들었고, 이 제목으로 필라델피아에서도 공연이 됐다. 제목 속의 대학 동창 XX는 작가가 제목을 정하고 자신의 이름을 제목에 써도 되겠느냐고 물었을 때 매우 기뻐하며 '영광'이라고까지 했다. 그런데 XX는, 한국에서 공연이 계속 이어지자 갑자기 자기 이름을 쓰지 말라고 요구해왔다. 수십 년 우정을 쌓아왔던 친구가 이해 못 할 요구를 해 온 것이다. 이름을 쓰지 말라는 이유도 참으로 모호했다. 지금까지도 그 이유를 이해하지 못하고 있다. 한 가지 궁금한 건, 처음에는 자기 이름이 내 작품의 제목에 들어간 사실을 기뻐하며 '영광스럽다'고까지 했던 친구가, 작품이 화제를 불러 모으며 여러 곳에서 공연 요청이 쇄도하자 왜 갑자기 태도를 바꿔 자기 이름을 쓰지 말아 달라고 한 걸까 하는 점이다. 속된 말로 '잘나가던' 공연에 제동이 걸리는 느낌이었다. 이미 보도도 많이 되고 그만큼 널리 알려진 제목을 갑자기 바꿔야 했으니 기획 상의 타격도 적지 않았다. 물론 제목을 바꾸지 않아도 법적으로 또 도의적으로 아무런 문제가 없었지만, XX의 의도가 불순하다고 여긴 작가는 불쾌함을 숨기지 않았고, 그 즉시로 나와 친한 보연 언니-앞에서 소개한 실력파 포크송 가수-의 이름을 XX 대신 넣게 된 것이다.

호사다마라고 하지 아마? 좋은 일이 있으면 그것을 시샘하는 사람도 있고 다른 마음을 먹는 사람도 있는 법이다. 나 역시 XX의 의도가 의심스럽기도 했고 그래서 미운 생각도 들었지만, 이 역시 사람의 한계라고 여기며 용서하고 싶었다. 다행히도 '보연 언니 나는'으로 제목이 바뀌고 나서 한국 내에서 더 많은 공연이 이어졌다. 이렇듯 '보연 언니 나는'은 미국에서 초연되고 한국에서 공연이 이어졌으니 공연의 역수입이 이루어진 셈이다. 이 역시 전례가 없었던 일이다.

'보연 언니 나는'의 필라델피아 공연 후 꽤 오랫동안 나 윤영아가 미국에서 화제가 되었단다. 그리고 불과 여섯 달 만에 나는 다시 미국에 초청됐다. 이번에는 어느 선교 단체에서 콘서트를 열어 달라는 요청이 들어왔다. 이 역시 놀라운 일이 아닐 수 없었다. 윤영아를 포함한 가수 4인을 선정해 콘서트를 열고 싶다는 의뢰였다. 기획과 연출을 맡은 분은 콘서트의 취지를 구체적으로 설명했고 나는 매우 좋은 아이디어라고 여겼다.

가요와 찬양곡들이 조화를 이루는 콘서트를 만들어 보고 싶다는 의도였다. 기독교 단체에서 주최하는 콘서트들은 전부 찬양곡들로 레퍼토리가 정해지고, 일반 콘서트에는 찬양곡이 곡목으로 선정되는 예가 극히 드물다. 하지만 이 콘서트는 오랜 시간 사랑받아 온 애창가요들과 대중에게 다가가기 쉬운 찬양곡들이 조화를 이루도록 구성되었다. 기독교 신자는 물론이고 일반 관객에게도 거부감 없이 찬양곡을 접할 기회를 제공하겠다는 취지가 담겨 있었다.

('공감, 더 가까이' 포스터)

이 콘서트가 '퓨전 갈라 콘서트'라 불리게 된 이유다. '공감, 더 가까이'라는 제목은 이 콘서트의 취지와 너무나 잘 어울려서 마음에 쏙 들었다. 교회의 문턱을 낮추고 하나님께 올리는 아름다운 찬양곡들을 가요처럼 부담 없이 일반인들이 감상토록 하겠다는 아이디어 자체가 참 좋았다. 비신자들에게 교회에 대한 배타적인 인식을 허물고 찬양 속 가사가 던져주는 의미를 한 번쯤 생각해 볼 수 있는 기회를 문화 행사를 통해 제공하자는 기획 의도가 마음에 와닿았다.

이를 위해 나는 노래와 퍼포먼스뿐 아니라 콘서트의 출연진을 선정하고 부를 곡들을 선곡해 편곡 작업을 하고 연습을 이끄는 '음악감독'까지 맡게 됐다. 이런 작업들을 안 해 본 건 아니지만 내 퍼포먼스만 신경 쓰면 되는 공연자의 역할보다는 일이 커진 셈이다. 그럼에도 나는 '그래 해보자!'고 다짐했다. 내가 처음 미국에서 활동해 보고 싶다는 얘기를 했을 때 누군가가 했던 말처럼…

머리에 떠오르는 가수들 중 몇 가지 기준을 두고 출연자 선정을 시작했다. 찬양곡을 여러 곡 작곡하시고 '12광주리'라는 그룹을 만들어 문화 사역을 해 오신, 존경하는 김성호 선생님, 실력파 포크송 여가수요 나의 다정한 벗 신보연 언니를 선정하고, 김성호 선생님의 수많은 히트곡들 중 '김성호의 회상', '웃는 여잔 다 이뻐', '당신은 천사와 커피를 마셔 본 적이 있나요'를 김성호 선생님이 직접 부르시고, '나는 문제없어', '찬 바람이 불면' 등 김성호 선생님께서 작곡한 곡들을 보연 언니와 내가 나눠 부르기로 했다. 이 밖에도 시대를 초월한 애창곡들, 고은희, 이정란의 '사랑해요'를 비롯해, 배인숙 님의 '누구라도 그러하듯이', '비와 당신' 등, 오래전 이민 가신 동포분들의 감성을 적실 수 있는 곡들을 흐름에 맞게 배열했다. 여기에 내 히트곡 '미니 데이트'와 보연 언니의 신곡 '오늘을 산다'를 추가해 분위기 전환이 이루어지도록 했다. 이 곡들의 중간중간에 찬양곡들을 불러 자연스럽게 가요와 찬양곡들이 어우러지도록 구성하면서 전체 구도를 완성했다.

미국은 물론 한국에서도 보기 드문 말 그대로 퓨전 콘서트 '공감, 더 가까이'는 큰 호응 속에 막을 내렸다.

'미국에 진출해 보고 싶어요'라는 한마디에 상상도 하지 못했던 일들이 벌어진 것이다. 전성기 때도 하지 못했던 미국에서의 활동 기회가 더 이상 젊지 않은 여가수, 윤영아에게 열린 것이다. 나의 얘기를 들은 분과 하나님께서 그분을 통해 내게 보내주신 고마운 분들의 헌신과 노력으로 이루어진 기적이라고 나는 확고히 믿는다.

하나님께서 열어 주신 미국에서의 기회는 여기서 멈추지 않았다. 더 큰 공연이 나를 중심으로 기획되고 다시 만들어졌다. 나의 자전적 뮤지컬 모노드라마 '보연 언니 나는'을 개작해 여러 명의 등장인물이 나오는 뮤지컬로 제작해 보자는 제안을 미국의 모 교회에서 해왔다. 공연의 규모를 키워서 주최하고 싶다는 의사였다. 연출가와 나는 조심스럽게 '보연 언니 나는'에서 나의 연기를 지도했던 손현주 배우님께 출연을 부탁드려 보자는 아이디어를 교환했고 손현주 배우님과의 담판(?)은 내가 맡았다. 연기 지도를 받으며 손현주 배우님과는 친한 사이가 됐고 더군다나 손현주 배우님은 작가 겸 연출가의 중앙대학교 연극 영화학과 2년 선배로 매우 친한 사이였다. 나는 이 이점을 최대한 활용해 손현주 배우님의 설득에 나선 것이다. 당시 넷플릭스(Netflix)의 대작 영화에 연이어 출연이 확정된 상황에서 손현주 배우님의 스케줄에 짬을 내기란 참으로 어려운 일이었지만, 나는 용기를 내어 공연에 출연해 달라 부탁했다. 그러고는 이번에도 '그래. 해보자'는 대답을 손현주 배우님께 받아 냈다.

이렇게 탄생한 '보연 언니 나는'의 제2편이 지금까지 미국에 이어 한국에서 내가 공연 중인 '어느 젊지 않은 여가수의 노래'다.

'어느 젊지 않은 여가수의 노래'는 25년 2월에 뉴욕과 뉴저지에서 공연됐다. '보연 언니 나는'의 성공으로 작품에 대한 어느 정도의 확신은 있었지만, 관객들의 반응은 내가 상상하던 이상으로 뜨거웠다. 콘서트와 뮤지컬, 각종 행사 등 수많은 무대 경험을 해 본 나지만 이렇게까지 공연 중간중간, 대사 한마디 한마디에 관객들의 호응을 받아 보기는 처음이었다. 객석 여기저기서 탄성과 흐느낌이 들렸고 웃음과 환호가 터져 나왔다. 심지어 상당수의 관객들은 내 대사에 대답을 하기도 했다. 공연하는 사람이 관객에게 기대할 수 있는 호응 그 이상이었다. 참으로 감사한 일이 아닐 수 없다.

('어느 젊지 않은 여가수의 노래' 포스터)

공연에 대한 평론가들의 평도 더 바랄 것 없이 좋았다. 이 역시 자화자찬을 피하기 위해 '어느 젊지 않은 여가수의 노래'에 대한 기사의 한 부분을 소개한다.

'대한민국 최고의 연기파 배우이며 최근 넷플릭스 시리즈 등에서 여전히 활발한 연기 활동을 벌이며 정상급 배우로 인정받고 있는 손현주와 90년대 초 '미니 데이트'로 선풍적인 인기를 모았으며, 얼마 전 JTBC의 음악 프로그램 싱어게인에서 50호 가수로 출연, 제2의 전성기를 누리고 있는 가수 윤영아가, 지난 2월 2일에서 9일까지 뉴욕과 뉴저지에서 공연한 뮤지컬 드라마 '어느 젊지 않은 여가수의 노래'가 큰 화제를 불러일으켰다.

(손현주 배우와 연기장면)

한국의 유명 가수가 미국에서 콘서트를 하는 경우는 비단 K-POP이 세계적인 인기를 누리고 있는 지금뿐 아니라 예전에도 심심치 않게 있어왔다. 하지만 미국에서 제작된 연극에 최정상의 배우와 가수가 출연한 예는 극히 드문 일이다.

...중략...

실화를 바탕으로 쓰인 작품이다 보니 윤영아의 인생에 큰 영향을 미친 조운파 작곡가는 큰 비중으로 극적 행동에 관여한다. 조운파는 윤영아 삶의 방향에 절대적인 영향을 미친 인물로, 윤영아의 실제 삶에서 그랬던 것처럼 매우 진지한 메시지를 작품 안에서도 그녀에게 전하고 있다. 그러나 노련한 대배우 손현주는 조운파라는 인물의 인간적인 면을 부각시키며 진지한 메시지로 무겁게 그려질 수 있는 인물을 풍성하고 입체적으로 무대 위에서 살아 움직이게 했다는 평가를 받는다.

윤영아의 자전적 연극이다 보니 주인공의 이름도 윤영아다. 등장인물 윤영아를 배우 윤영아가 연기하는 것이다. 작가는 극적인 삶을 살아낸 윤영아라는 실존 인물을 두고 굳이 허구의 인물을 창조해 낼 필요를 느끼지 못한 듯하다. 윤영아는 그러나 자신을 무대에서 그대로 보여주는데 그치지 않고 오히려 윤영아라는 인물을 기억 속에서 상세하게 찾아내려 애쓴 흔적이 역력했다. 과거를 회상하는 장면에서는 마치 자신이 그 당시로 돌아간 것 같은, 극도로 몰입된 연기를 보여주며 관객들을 전율케 했다.'

– 출처 : 재외동포신문(https://www.dongponews.net)

'어느 젊지 않은 여가수의 노래'는 한국에서도 계속 공연되고 있다. 손현주 배우님이 맡았던 조운파 작곡가 역은 박준서 배우님이 맡아 재치 있으면서도 진지한 연기를 선보이고 있다. 지금 이 책을 쓰고 있는 중에도 미국에서 '어느 젊지 않은 여가수의 노래'의 앵콜 공연 요청이 들어와 일정이 확정된 상태다. 아마도 이 책이 출간되어 여러분께 읽히고 있을 무렵 나는 미국에서 '어느 젊지 않은 여가수의 노래'의 앵콜 무대에 오르고 있을 것이다.

미국의 단상

내가 마지막으로 하고 싶은 얘기를 하기 전에 미국에서 활동하며 가진 단상들을 여담 삼아 들려 드릴까 한다. 심각해지기 전에 잠깐 쉬어 가는 의미로…

20대 중반 즈음 종로 3가 어학원에서 영어회화 공부를 하고 다니던 시절 햄버거는 맥도널드, 버거킹, 롯데리아에서 참 많이도 먹었던 음식 중 하나다. 하지만 내가 햄버거를 좋아한다고는 할 수 없을 거 같다. 그냥 일할 때 간단히 끼니를 때우기에 좋은 음식이고 싫지 않은 정도였다. 하지만 예외가 있다.

생각만 해도 너무너무 먹고 싶은 햄버거가 있는데 미국의 쉐이크 쉑 버거(Shake Shack Burger)다. 이름부터가 재밌었다. Shack은 미국의 시골 같은 곳에서 흔히 볼 수 있는 널빤지로 만든 건물을 뜻하는데 이를 흔들(shake) 정도로 굉장한 맛이라는 뜻이려니 싶었다. 그런데 미국의 지인분께 들으니 유래가 있단다. 쉐이크(Shake)라는 이름은 원래 이 회사가 밀크 쉐이크를 만들었기에 붙여진 이름이고 shack은 가볍고 편안한 느낌으로 음식을 먹는 간이음식점으로 시작한 회사의 이미지를 살리기 위함이란다. 유래가 어떻든 한국 사람은 발음하기도 편치 않은 이름에 흥미가 생겼고 미국에서 하도 인기 있다기에 공연 간 김에 먹어봤다. 처음으로 한 입을 베물었을 때 난 황홀함에 빠져들었다. 기름이 뚝뚝 흘러내리는, 건강에는 안 좋을 게 분명하지만, 오묘한 감칠맛이 입안에 착 감기는데, 이렇게 맛있는 햄버거가 있구나 싶었다. 과연 햄버거의 신기원이 아닐 수 없었다. 나의 미국 내 활동을 도와주신 스태프들은 내가 '쉐이크 쉑' 버거를 감탄에 감탄을 쏟아내며 먹는 걸 보고 흥미로운 듯 쳐다보시며, 한국에서 온 나름 유명한 가수가 고속도로 휴게실에서 파는 햄버거에 빠져든 모습을 신기한 듯 카메라에 담으셨다. 나는 미국에 공연을 갈 때 바쁜 일정 중에도 '쉐이크 쉑 버거'가 너무도 먹고 싶어 휴게소에 들러 꼭 사 먹었다.

뉴욕은 이상하게도 부산과 닮았다는 느낌을 받았다. 어린 시절 나는 단층으로 상점들이 다닥다닥 붙어있는 약간은 시끄럽고 사람들도 복작복작 다니는 사람 냄새 가득한 곳을 좋아했다. 그래서인지 나는 부산을 좋아한다. 부산에서도 개발이 덜 되어 7,80년대 분위기를 느끼게 해 주는 곳들이 좋다. 사랑하는 엄마와의 행복했던 추억이 떠오르게 하는 분위기라서 그런가 보다. 뉴욕 맨해튼은 옛날 느낌을 주는 부산과 많이 닮아 있다는 생각이 들게 해 좋았다.

분명히 시골스럽지는 않은데, 7,80년대 도시의 느낌을 주는 것 같다. 물론 잠들지 않는 불야성의 도시, 마천루들이 들어찬 세계에서 제일 큰 도시지만, 모든 걸 새걸로 갈아 치우지 않고 예스러움을 지켜내려 애쓴 흔적이 보여서 좋다. 길지 않은 미국의 역사지만 그 기록을 소중히 여기는 미국인들의 마음이 느껴지기도 한다. 뉴욕과 부산의 공통점이 있는지 또 진짜로 유사한 부분이 있는지는 모르겠지만, 적어도 내가 부산과 뉴욕을 좋아하는 이유만큼은 서로 닮아 있어서 하는 얘기다.

(맨해튼 거리에서)

22. 더 이상 젊지 않은
　　　어느 여가수가 드리는 고백

지금 나는 솔로 가수로서뿐만 아니라 '3인 3색'이라는 프로젝트 그룹의 일원으로도 활동하고 있다. '3인 3색'의 멤버는 '기차와 소나무'로 유명한 이규석, 트로트 가수로 한창 주가를 올리고 있는 홍원빈 그리고 나 윤영아다. 나와 매우 친한 이규석 오빠는 우리 학창 시절 하이틴 스타였고 순수한 영혼의 소유자다. 친절하고 마음이 참 따뜻한 사람이다. 함께 하는 활동을 즐겁게 하는 인물이다. 왜 그런 사람 있지 않은가. 얼굴만 봐도 마음이 편해지는 사람... 딱 이규석 오빠다.

역시 나와 금세 친해진 홍원빈 오빠는 모델 출신이다. 훤칠한 키에 멋진 외모의 소유자여서 오히려 인간성이 외모에 가리는 거 아닌가 싶게 참 좋은 사람이다. 이 두 사람은 내게 '착한 남자', '친절한 남자'의 대명사들이다.

(3인3색 가수 홍원빈, 윤영아, 이규석)

각자 활동을 하다가 기회가 되면 뭉치는 프로젝트 그룹이 나는 좋다. 더군다나 이런 멋진 사람들과 함께 작업하면 힘이 난다. 까탈스럽고 욕심 많은 사람들과 일을 하면 얼마나 피곤한지 잘 아시리라. 이렇게 좋은 분들과 함께 활동하게 된 것도 참으로 감사한 일이 아닐 수 없다.

내가 감사해야 할 기적이 또 있다. 평택대학교에서 강의를 하게 된 일이다. 이 역시 우연 같은 필연으로 하나님께서 내게 베푸신 커다란 은혜라는 걸 나는 안다.

필라델피아에서의 초연 후에 한국에서 '보연 언니 나는'을 공연하고 있을 때였다. 어느 날 공연이 끝나고 무대 뒤에서 초청해 주신 분들과 인사를 나누고 있을 때 평택대학교의 교수님 한 분이 내게 오셔서 '공연이 참 좋았다'며 내 연기와 노래를 칭찬하시고는, 평택 대학교에서 겸임교수를 초빙 중인데 지원을 해보시지 않겠냐며 제안을 하셨다. 백석문화대학에서 강의를 해 본 경력도 있었고 가르치는 일에 보람을 느끼는 나는 그 제안에 '해 보겠습니다'라고 답했다. 사실 나는 노래보다 가르치는 일에 더 자신이 있다고 늘 생각한다. 백석문화대에 강의를 나가면서 내가 새롭게 발견한 내 적성이다.

물론 교수님의 감사한 제안 만으로 겸임교수로 채용될 수 있는 건 아니었기에, 열심히 경력 사항을 정리하고 강의 계획을 작성해 지원에 임했다. 강의 경력을 포함한 음악과 공연 분야에서의 다양하고 오랜 경력으로 심사를 통과해, 나는 감사하게도 평택대학교 음악학과에서 너무나 사랑스러운 지금의 내 제자들과 만나게 되었다.

미국에서 활동해 보고 싶다는 나의 바람과 하나님께서 보내주신 고마운 분들의 '합력'으로 이루어진 기적의 공연 '보연 언니 나는'... 나 자신 진심과 기도로 최선을 다해 임한 나의 자전적 뮤지컬 모노드라마 '보연 언니 나는'이 나에게 준 커다란 선물이었다.

*** 내게는 훌륭한 스승님들이 계시다. 서울예대의 은사님들을 나는 여전히 존경하고 그 가르침을 기억한다. 그리고 석사과정에서 내게 많은 영향을 끼치신 분이 계신데, 고(故) 김광석과 함께 활동했던 그룹, '동물원'에서 키보드를 담당하시는 박기영 교수님이다. 박 교수님의 수업은 철저하고 엄격했다. 무엇보다도 예술과 사회, 정치와 종교적인 이슈를 놓고, 예술 창작이 지향해야 하는 바를 심각하게 고민하게 만든 교수

님의 강의는, 예술을 바라보는 나의 시야를 넓혀주는 소중한 배움의 기회였다. 내가 가르치는 학생들에게 나도 박기영 교수님 같은 좋은 스승이 되고 싶다. ***

나는 단언한다. 하나님께서 하시는 일에 우연이란 없다. 나는 불과 1년 남짓한 기간 동안 일어난 이 모든 기적들이 절대적인 능력을 가진 어떤 존재의 철저하고 빈틈없는 계획이었다고 굳게 믿는다. 사람의 능력만으로는 이렇게 할 수 없다. 사람의 힘으로는 안되는 일이 이루어지면 우리는 눈을 들어 다른 곳을 봐야 한다. 내게 그리고 여러분께 그 절대적인 능력의 존재는 분명 하나님이시다. 내가 가수로서 꿈을 이루고 화려한 활동을 펼치는 동안에도, 누군가에 의해 도저히 벗어나지 못할 것 같은 절망에 빠졌을 때도, 내가 있던 곳이 아닌 완전히 다른 곳에서 힘겹게 삶을 이어가고 있을 때에도, '미국에서 활동해 보고 싶다'는 한마디로 상상조차 못 했던 미국 진출의 기회가 내게 주어진 일도, 그 기회로 인해 대학에서 강의를 하며 다시 학생들을 만날 수 있게 된 것도… 하나님을 만나고 잊혔던 내가 가수로, 배우로 또 교육자로 다시 일어서게 된 모든 과정이 오래전부터 하나님의 계획 안에 있었음을 나는 믿는다. 아니 나는 이제 믿는 것을 넘어 확실히 알게 되었다고 말하고 싶다.

그리고 나는 안다. 하나님의 계획 안에는 여러분도 반드시 있다는 사실을. 나는 과연 늘 옳기만 한 생각과 마음가짐으로 세상을 살았을까? 그래서 내가 겪은 불행은 모두 나 자신의 잘못은 하나도 없이 일어난 일들이고 그래서 억울하게만 여겨야 할 일들일까? 내 모든 불행의 원인은 오직 다른 사람들에게만 있는 걸까? 그렇지 않다는 걸 나는 안다.

나의 욕심과 교만, 조급함과 미성숙한 자존심 등등... 나의 부족함으로 인해 초래된 불행이 내 삶에 가득했다고 이제는 깨닫는다. 그래서 멀고 먼 길을 돌아 지금 여기, 내가 있어야 할 곳에 오게 된 것이라 믿는다. 하나님께서는 내가 먼 길을 헤매고 있을 때도 나를 보고 계셨다는 것 또한 나는 믿는다. 그리고 당신에게로 나를 부르고 계셨던 것도... 나의 삶은 전부가 하나님의 계획 안에 있었다는 게 믿어지기 시작하고 깨닫게 된 사실이다. 내가 하나님을 만나고 달라진 점을 한 가지만 꼽으라면, 나는 한순간도 망설임 없이 대답할 수 있다.

'나는 이제 이 세상을 나 자신을 위해 살고 싶지 않다'

JTBC 싱어게인에 출연하고 다시 가수로서 이름을 알리게 되자 주변에서 나에게 용기를 주기 위해 많은 격려를 해주신다. 어떤 신문 기사에서는 나의 활동이 활발해지고 미국에서까지 뮤지컬과 콘서트로 활동을 하게 되자, 윤영아가 젊지 않은 나이에 그 어떤 여가수도 해내지 못 한 '제2의 전성기'를 구가하고 있다고 칭찬하기도 했다. 심지어 어떤 기사에서는 이 정도면 윤영아가 제2의 전성기가 아니라 '최고의 전성기'를 누리는 중이라고 해야 하는 것 아니냐며 놀라워하기도 했다.

완전히 터무니없는 얘기는 아니라고 나도 생각한다. 오랜 시간 팬들의 뇌리에서 잊힌 채 일식당에서 웨이트리스를 하고 마트의 과일 코너 점원으로 또 캐셔로 살아가던 여가수, 더 정확히는 '댄스 가수'인 윤영아가, 50이 넘은 나이에 열린 음악회, 복면가왕 같은 인기 음악 프로그램에 출연해 노래를 하고, 라이브 콘서트와 뮤지컬, 그것도 자전적인 스토리를 담은 창작 뮤지컬을 미국에까지 건너 가 공연하고, 심지어는 대학에서 교수로 제자들을 가르치고 있으니, 전성기 때보다 더 많은 분야에서 활동하고 있는 게 맞고, 그러니 겉으로 보기엔 윤영아 인생에서 최고의 시절을 보내고 있는 것처럼 보일 법도 하다.

하지만 나는 내 위치를 잘 알고 있다. 나는 예전처럼 당대 최고의 가수들과 어깨를 나란히 하는 인기 가수가 더 이상은 아니라는 걸 잘 안다. 그런데 중요한 건... 나는 다시 예전처럼 인기를 얻는 삶을 목표로 삼고 싶지 않다. 나는 일식당에서, 마트에서 일하며 세상에서의 인기가 얼마나 허망하게 날 배신하는지 너무나도 뚜렷이 깨달았고 그래서 더 영속적인 것에 마음을 두고 싶어졌다. 나는 더 이상 인기 정상의 가수가 되기를 꿈꾸지 않는다.

하지만 내 삶에서 지향하는 바는 예전보다 더 뚜렷하다. 인기 정상의 가수도, 젊고 섹시한 댄스 가수도 아닌 나여서 오히려 더 잘할 수 있는 일이 있다. 내가 출연했던 나의 자전적 연극, '어느 젊지 않은 여가수의 노래'의 대사 중 한 부분을 소개하고 싶다. 이 한 마디의 대사에 내가 살고 싶은 남은 삶의 의미가 담겨 있어서다.

"더 이상 젊지 않은 댄스 가수 윤영아,
더 이상 큰 인기를 끌지 못하는 가수 윤영아,
그런 윤영아를 통해 그분은 어떤 일을 하시는지 그게 보였으면 해.
내 약함을 통해 그분의 능력이 온전해지기를…"

이 대사처럼, 세상적으로 실패했던 내 삶의 부분, 내 못난 인생의 역정을 통해 하나님의 능력을 자랑하고 싶다. 내가 보잘것없어서, 그런 못난 나를 통해서도 당신의 뜻을 이루시는 하나님의 능력을 말이다. 더 이상 인기 정상의 가수도 아니고 그렇게 되고 싶은 마음이 아주 조금도 남아 있지 않은 가수 윤영아를, 그럼에도 계속 무대에서 노래하고 연기할 수 있도록 사람들에게 잊히지 않는 곳에 놓아주시는 하나님께서 내가 해야 할 일을 분명하게 알려주고 계시다는 걸 나는 안다.

제2의 전성기인지 아니면 최고의 전성기인지 모르겠으나, 내게 계속해서 기회를 주시는 분께서 가라시는 분명한 길이 내겐 보인다. 나는 그 길을 가려 한다. 더 이상은 젊지 않은 어느 여가수 윤영아가 여전히 윤영아를 기억하시는 분들께 드리는 고백이요 다짐이다.